VUES

POLITIQUES.

(Par de Salvandy.)

*On vient de mettre en vente chez le même
Libraire :*

LE CRI DES PATRIOTES FRANÇAIS SUR LA LOI DES ÉLECTIONS, ou *Un Mot d'avis à la Chambre des pairs sur la proposition de M. le marquis de Barthélemy* , par Benjamin Laroche. In-8°. Prix, broché , 1 f. 25 c. ; et 1 f. 5o c. franc de port.

LETTRES SUR LES NOUVEAUX ÉTABLISSEMENS QUI SE FORMENT DANS LES PARTIES OCCIDEN-TALES DES ÉTATS-UNIS D'AMÉRIQUE ; par *Morris Birkbecks.* Traduit de l'anglais, 1 vol. in-8°. Prix, broché, 3 f., et 3 f. 6o c. franc de port.

ORAISON FUNÈBRE DE M. LE DUC DE FELTRE , Pair et Maréchal de France et Ministre de la Guerre , par *M. Beaupoil St.-Aulaire.* In-8°. Prix, 75 c. ; et 9o c. franc de port.

LES QUATRES AGES DE LA GARDE NATIONALE , *ou* Précis historique de cette Institution Militaire et Civile depuis son origine jusqu'en 1818 , par un Électeur du Département de la Seine. In-8°. Prix, broché, 2 f. ; et 2 f. 5o c. franc de port.

VUES

POLITIQUES,

PAR L'AUTEUR

de

LA COALITION ET LA FRANCE.

DE L'IMPRIMERIE DE POULET,

QUAI DES AUGUSTINS, N. 9.

A PARIS,

Chez { L'HUILLIER, libraire, rue Serpente, n°. 16;
DELAUNAY, libraire, au Palais-Royal.

1819.

VUES

POLITIQUES.

VOICI trois mois qu'un ministère tombait en ruine: l'opinion publique était dans l'attente: la sagesse royale laissait se murir, dans l'expression de tous les sentimens et de toutes les pensées, cette voix du peuple que l'Evangile appelle la voix de Dieu. Cependant quelques hommes proclamèrent l'espérance de diriger les choix de la couronne, et la France jeta un cri d'alarme; de sinistres pressentimens troublèrent tous les cœurs, comme si les incertitudes du pouvoir avaient remis en question les destinées de la monarchie. On trembla pour la liberté: on put trembler pour le trône; tout enfin parut provisoire, et tout allait le devenir peut-être, à l'heure où la nation en deuil aurait compris ces deux choses: que nos institutions avaient été tracées sur le sable, et que si nos frontières semblaient affranchies, les Tuileries ne l'étaient pas.

Il y a peu de jours, une proposition est émise par un noble pair : les formes constitutionnelles ne sont pas méconnues ; la lettre de la Charte n'est pas menacée ; on sait d'ailleurs que deux branches du pouvoir législatif ne se plieront pas au vœu de la pairie. Pourtant, la capitale s'émeut, les départemens s'agitent, le crédit public est ébranlé de nouveau, mille craintes s'exaspèrent, toutes les inimitiés prévoient l'heure du combat, et toutes les ambitions le jour de la victoire. Notre déplorable France paraît encore réservée à des orages. Déjà, il n'y a plus de sécurité pour elle : on dirait qu'elle sent une influence fatale maîtriser ses destinées, et la pousser inévitablement au milieu des tempêtes !

Que signifie cet accord des partis à redouter l'avenir, à présager des bouleversemens, à montrer des abîmes ?

Pourquoi, surtout, l'aspect de quelques hommes donne-t-il le signal à l'effroi public, comme, dans l'antiquité, ces astres errans, qui n'appartiennent pas à l'harmonie des sphères, n'avaient besoin que d'apparaître pour soulever partout les malédictions et les alarmes ?

Il n'est pas de superstitions en politique.
Lorsqu'un peuple tremble, croyez bien que
quelque part il y a péril; péril redoutable,
dès qu'il est généralement prévu : car on
trouve bien des Catilina dont les passions et
les intérêts spéculent sur le danger commun,
pour un grand homme qui dévoue sa fortune
et son génie à maintenir la paix publique.

C'est donc un malheur que cette méfiance
permanente des hommes et des choses, ce
sentiment unanime de fragilité qui n'aper-
çoit dans la tâche d'édifier les institutions
nouvelles, que le soin de préparer des ruines.
Bien des adversités peuvent naître pour la
France de ces agitations sourdes qui, de
trois mois en trois mois, autorisant toutes
les incertitudes, irritant toutes les effer-
vescences, aboutissent à montrer la monarchie constitutionnelle comme une sorte
de tente passagère où nous avons pris ré-
fuge contre l'ouragan du jour, comme le
point de départ d'où nous irons recommencer nos désastreuses caravanes. Dans ces
temps de malaise et de doute, il n'y a de
prévoyance que pour les intérêts privés,
d'énergie que pour les discordes, d'espérances que pour les bouleversemens. Toutes

les doctrines sont accueillies , toutes les questions soulevées; le sol tremble de toutes parts ; le pouvoir est sans fixité, comme les esprits ; les imaginations deviennent aventureuses : et voilà bientôt qu'une nation entière ne peut plus se passer de ce que le cardinal de Retz , élevé comme nous au milieu des troubles , appelait si bien *les délassemens de la guerre civile.*

Ainsi , le danger commun va grossissant des craintes qu'il inspire , surtout quand c'est un parti, offensif à la fois et impopulaire, qui se complaît à multiplier ces émotions de sinistre présage. A quoi bon trente années d'épreuves calamiteuses , si l'expérience n'apprend pas qu'on ne se joue point impunément des terreurs d'un peuple ?

Les nôtres sont irritables; elles doivent l'être : car le passé révèle les menaces du du présent et en dénonce la portée. Nous avons traversé bien des servitudes ; mais aucune n'a autant frappé les esprits , autant brisé les âmes que le système de 1815 , parce que là l'oppression n'était pas toute domestique , parce qu'aussi elle était sans prestige , c'est-à dire sans excuse.

Il y a du 1815 dans tout ce qui alarme

l'opinion publique. A cette date funeste se rattachent les souvenirs d'un envahissement et d'une tyrannie. A cette date funeste appartiennent les principes qui menacent l'indépendance nationale et la liberté publique, ces deux grands intérêts des Etats, nobles garanties de la durée des empires, conditions solidaires du bonheur des peuples. Heureusement les mêmes assauts les compromettent l'une et l'autre ; les mêmes armes les attaquent toutes deux : la France peut donc être sauvée!

Elle peut l'être, si l'œuvre de la Charte est accomplie, si les augustes héritiers du trône s'y rattachent comme à la dernière branche de salut, si le peuple français voue à la liberté un culte digne d'elle, un culte sans intolérance, sans jonglerie, et surtout sans holocaustes!

Parmi nous il y a deux choses : ici une nation qui, fatiguée par trente ans d'efforts et de misères, veut du repos pour ses lassitudes, avec des garanties pour sa sécurité ; un peuple chez qui la permanence des bouleversemens a déplacé les situations sociales, changé les intérêts, compromis les hommes ; une France enfin, renouvelée dans

ses institutions, dans ses principes, dans ses
mœurs, et résolue à sauver au moins du
grand naufrage, à défendre contre toute at-
teinte, des droits et une gloire que tant de
douleurs ont achetés. La liberté seule satisfait en même temps à toutes les exigeances
de ses besoins et de ses craintes.

D'autre part, je vois une royale famille aux
mains de qui des vicissitudes inouïes ont
laissé tout-à-coup retomber le sceptre des
quarante rois dont elle est issue : elle remonte
au trône de ses aïeux à travers les principes
et les hommes qui l'ont proscrite ; la charrue
révolutionnaire a si bien remué cette vieille
terre de France, que des Bourbons y marchent partout sur un sol inconnu. Lois,
mœurs, habitudes, langage même, tout leur
est nouveau, hormis la bannière des Philippe-Auguste, qu'ils nous ont rapportée de
l'exil, où elle a passé, comme eux, vingt-
cinq ans chez les vaincus de Bouvines. Les
fils de Louis XIV ne retrouvent pas son héritage : l'autorité royale est limitée de toutes
parts ; cependant, tout peut paraître hostile à ces princes ; tout le sera, s'ils
placent leurs espérances dans leurs souvenirs, s'ils accueillent les traditions du passé

mieux que les leçons de l'infortune, si, effrayés encore des prétentions d'un siècle novateur, ils appuient imprudemment leur pouvoir sur les débris du vieil âge. Il faut que les entraves dont la loi les environne, leur paraissent salutaires, que les institutions nouvelles se présentent à eux conservatrices, plutôt qu'offensives ; enfin, que la monarchie, placée violemment sur le terrein de la révolution, croie pourtant à l'avenir, et trouve autour d'elle des garanties de stabilité.

Ainsi, l'ordre politique se compose de deux intérêts, celui de la liberté, celui de la dynastie. S'ils sont ennemis, c'en est fait de notre malheureuse France ! Le jour viendra, demain peut-être, qu'une aggression sanglante forcera les partis de recourir aux armes. Alors on verra ce qu'est un pays où des inimitiés actives, où des passions violentes, où des orgueils blessés ont fermenté trente ans. Alors il faudra satisfaire toutes les vengeances, assouvir toutes les représailles : cette fois, nous aurons la guerre à domicile ; on se passera d'échafauds ; et la Sainte Alliance venant à interposer la médiation de ses armées, qui peut répondre que la contagion de nos fureurs ne se communiquera point d'un bout de l'Europe à l'autre ; que la grande querelle des peuples et des rois ne sera pas vidée partout à la même heure ; que la civilisation, nous laissant débattre parmi des ruines ensanglantées, ne fuira pas à travers l'Océan, pour demander asile à un autre univers, et porter ses bienfaits à des peuples nouveaux ?

Je sais que les couleurs, dont je peins notre avenir dans cette hypothèse, paraîtront exagérées. Beaucoup d'esprits se refusent à partager les vues et les craintes du mien, soit que des passions les dominent, ou que des espérances les abusent. Beaucoup supposent la coalition dissoute, sa politique changée ou ses forces affaiblies par des discordes. Erreur que tous ces calculs ! la coalition dure encore ; elle durera tant que la monarchie se tiendra debout. Non que je prétende offenser ici les couronnes, ni répéter ce que j'ai pu dire, alors que la patrie s'indignait d'avoir à porter des fers. J'explique, et je n'accuse pas. Je comprends même que la Sainte Alliance soit vigilante, après avoir été si long-temps hostile ; car la France est toujours redoutable : elle règne encore !

elle règne par l'influence de ses mœurs,
par l'ascendant de son génie, par l'autorité de sa civilisation. Elle règne par les
grands et terribles souvenirs qu'elle a se-
més sur la terre, comme par les principes
de liberté que ses armées ont répandus chez
les peuples, et par les leçons de despotisme
que son chef a trop bien données aux rois.
Les terreurs qu'elle a commandées depuis
ses revers constatent son empire et justifient
ma pensée. Comme il y a deux ans, je puis
croire qu'un grand péril pèse sur elle : comme
alors, il est dans ma conscience qu'à dater
d'un premier trouble, la patrie aura vécu,
et l'ordre social sera dissous.

Trouvons une solution moins désespé-
rante au problême que je posais tout-à-
l'heure. La tâche est facile ; tout est dans
ces deux mots : Sauvons la dynastie par la
liberté, la liberté par la dynastie ; malheur
à l'une comme à l'autre, si elles n'étaient
pas amies, si elles ne confondaient pas leurs
intérêts et leurs efforts, si chacune des deux
prétendait régner seule ! quelle que fût l'as-
saillante, elle aurait le sort de cet envieux
célèbre qui réussit à renverser la statue de
son émule, mais en se faisant écraser sous
sa chute.

La liberté trouve à s'établir bien des obstacles; ce n'est pas chose nouvelle. L'histoire des société se réduirait, sous une main savante, à cette vieille guerre des perfectionnemens et des abus. Depuis Zoroastre et Con-fu-tzéé jusqu'à nos jours, les bienfaiteurs des Etats ont toujours trouvé des routines à combattre et des persécutions à subir : la gloire de faire du bien aux hommes est trop belle pour ne devoir pas être achetée.

La lutte aujourd'hui s'engage sous de sinistres auspices. Trop d'intérêts compliquent la querelle, trop de passions s'en emparent, pour qu'une âme loyale ne frémisse pas en approchant du champ de bataille où se précipite une faction moins destituée de forces qu'on ne l'imprime chaque jour. Si je la croyais peu redoutable, ma plume, que j'aimais à laisser étrangère aux dissensions civiles, n'aurait point à tracer ces pages.

Je sais que les adversaires de la liberté n'ont pas pour eux le nombre. Ils ne jettent point de racines; ils sont impopulaires : leurs opinions répugnent à la multitude, sans laquelle on ne fait pas de tyrannie durable. Mais ils ont pour eux des préjugés, des habitudes, en d'autres temps, en d'autres lieux, j'ajouterais : des noms illustres et de vieux souvenirs. Ils ont pour eux des talens ; car, attachés à leurs enseignes , je vois des noms que notre gloire littéraire montre aux nations rivales , comme nous présenterions les trophées de nos soldats , si quelque voix jalouse s'avisait de contester la supériorité de nos armes ; ils ont pour eux de grandes propriétés , de hautes fonctions publiques , une organisation faite , une inaltérable ténacité. Ils ont pris , dans le maniement du pouvoir , la connaissance du terrein ; l'expérience d'une opposition constitutionnelle leur acquiert la théorie des troubles ; l'exaspération leur donnera l'énergie d'en courir les hasards..... Enfin , que ne puis-je taire , dans le dénombrement de leurs forces , le déplorable avantage d'avoir bien des espérances placées sur les camps ennemis ?

En effet, le cœur de la faction est une aristocratie qui , pour redevenir oppressive , cesse volontiers d'être française. Là, sont les regrets insensés , les vœux coupables , la Note secrète enfin, cette criminelle contrepartie de la Charte , cet imprudent mani-

feste des réactions sanglantes et des complots parricides. Mais là, grâce au ciel,
n'est point le péril ; je le trouve dans les intérêts ou les erreurs qui, se groupant autour
des prétentions oligarchiques, forment avec
elles un faisceau dont je veux croire pourtant
que les liens céderaient à l'amour de la patrie, si une assistance étrangère se manifes-
tait enfin à tous les yeux.

Le parti qu'on pourrait appeler l'exécuteur
testamentaire du moyen âge, cherchera un
appui dans le sacerdoce, puissant encore,
dont, chaque jour, on saura mieux que
l'opposition n'est pas facile à vaincre. Napoléon avait triomphé de tous les peuples,
emporté d'assaut toutes les citadelles et tous
les trônes : l'Europe entière passait du côté
de son épée. Soixante vieillards, la crosse
en main, l'œil sur le tabernacle, conçurent
un projet de résistance. Une coalition de
rois eût été aussitôt écrasée ; mais c'était
un concile de quelques évêques, et il fallut que le pouvoir inflexible apprît une fois
à plier.

Le parti qui proscrit les lumières doit
recruter l'ignorance. Il rallie ces esprits dé-
bonnaires qui, dans la révolution, ne voient

qu'un sanglant spectacle et ne savent pas y trouver un enseignement ; ces âmes craintives, dont la sécurité ne peut renaître que sous l'abri silencieux du pouvoir absolu ; enfin, tout ce qui impute à la liberté les attentats de l'anarchie, tout ce qui forme parmi nous, si l'on peut parler ainsi, les traînards de la raison humaine.

Le parti qui se rattache aux priviléges du vieux temps appelle toutes les vanités intrigantes, tous les amours - propres ambitieux. A son profit, il s'est formé dans les provinces une haute société de petite ville, une aristocratie de village qui n'a pas manqué de prendre beaucoup d'empire et d'attirer nombre de prosélytes en prodiguant l'outrage à ce qu'on appelle *la canaille mal pensante*..... C'est que les missionnaires ne disent pas assez dans les bourgades à quel drapeau se liait la cause des Gérard, des Poltrot, des Barrière, des Clément, des Ravaillac. Le peuple serait bien surpris d'apprendre que ces dégoûtans parricides *pensaient* aussi très-*bien*.

Enfin le parti, dont les espérances peuvent se réaliser d'heure en heure, a droit de compter sur la foule mobile des secta-

2

teurs du pouvoir, sur tous ces flots d'hommes qui vont comme les pousse le vent de la fortune. Il y a parmi nous une masse inerte, poids redoutable, de pusillanimes qui, depuis trente ans, ont laissé faire les échafauds, juré des constitutions, livré leur dernier écu et leur dernier fils, arboré des mouchoirs, regardé passer les cent jours, et crié *vive le roi!* cette classe sera nombreuse tant que les lumières du système représentatif n'auront pas jeté un assez grand jour pour apprendre que l'estime publique est la seule puissance durable, la seule qui, dans ces temps d'instabilité, donne des faveurs à vie, la seule qui commande la droiture, récompense le courage et proscrive la servilité. Elle était sage, la législation d'Athènes, qui, dans les discordes civiles, préservait l'Etat de ces neutralités intérieures, toujours prêtes à environner le pouvoir nouveau des acclamations, ou au moins du prestige d'une majorité puissante! Si la loi de Solon eût été donnée à la France, nous n'aurions pas offert au monde, durant un quart de siècle, le scandale d'un grand peuple attelé tour à tour au char de toutes le minorités.

Le même péril ne nous menace plus : l'opinion nationale est trop forte pour passer désormais sous le joug. Le sera-t-elle assez pour
ne pas rentrer violemment dans l'arêne en-
sanglantée où des provocations factieuses la
rappellent ? Puisse la fortune de la monarchie
détourner ce présage ! Mais, je tremble quand
je vois le manifeste périodique d'une opposition puissante réveiller tous les souvenirs,
irriter toutes les haines ; propager dans la
génération nouvelle les ressentimens des générations qui s'effacent, et l'effervescence
des temps qui ne sont plus! le talent, ce mandat
sublime dont la destinée favorise quelques
hommes à la charge de rendre leurs semblables meilleurs et plus heureux, devrait-il être
employé à r'ouvrir les vielles blessures de la
patrie, à promener dans toutes ses plaies une
plume parricide, comme afin de recommencer ses agonies et d'éterniser ses douleurs ?

Inconcevable opiniâtreté des partis ! on
oublie tous les maux qui naquirent, il y a
précisément trente années, des défis imprudens, des menaces aveugles, des résistances séditieuses que l'esprit aristocratique
opposait à l'établissement des institutions libérales, alors les seuls boulevards du trône !

On oublie que des libelles insolens , à force
d'irriter la volonté nationale , entraînèrent
la monarchie dans l'abîme , dont le vœu de
Louis XVI l'aurait préservée , en interposant
dès-lors les garanties constitutionnelles de
la Charte ! J'ose dire , et quiconque lira
froidement les pamphlets nés au sein des
premiers troubles , jugera comme moi qu'à
force de présenter aux défenseurs de la liberté l'appareil d'une invasion étrangère et
d'un châtiment inévitable , des insensés ame-
nèrent leurs antagonistes à prendre les échafauds pour champs de bataille ; ils firent de
la *terreur* une guerre défensive , et s'asso-
cièrent ainsi à la responsabilité des attentats , comme des malheurs de cette désastreuse époque.

Voulez-vous reprendre l'œuvre de vos de-
vanciers , téméraires , qui entendez l'ambi-
tion comme Erostrate comprenait la gloire !
Voulez-vous de nouveau embrâser le temple,
parce qu'à vous seuls n'appartiendront plus
les trésors et les honneurs du sanctuaire ?

Mais , que fais-je ? C'est vous , conservateurs de façon nouvelle , qui venez , la torche
en main , sauver l'édifice social d'un grand
incendie ! Vous désignez les brandons , vous

nommez les coupables. Je cherche ; mes regards n'aperçoivent que la civilisation , cette
noble fille du temps , qui marche à la tête de
l'espèce humaine , et la guide à travers les
voies difficiles où des spéculations égoïstes
et des préjugés barbares cherchent à entraver son passage. Si par fois elle secoue son
flambeau et projette au loin des clartés plus
vives , c'est pour faire arriver sa lumière
dans les routes obscures où de vieux fan-
tômes prétendent encore maîtriser les esprits et intimider les âmes. Rassurez-vous
donc ; son flambeau, comme l'astre bienfai-
sant dont un rayon dut l'allumer, échauffe ,
éclaire , fertilise , mais il n'embrâse pas !

Hélas ! j'ai tort peut-être de combattre vos
alarmes ! C'est un des tristes caractères du
temps où nous sommes, que la déloyauté de
toutes les opinions , que le démenti perpé-
tuel des lèvres et des cœurs ! N'était-ce pas
assez, pour dérouler nos drames politiques ,
d'armer sans cesse nos mains du poignard
sanglant ? Fallait-il aussi que le masque
couvrît notre visage , bateleurs maladroits ,
qui ne manquons pas d'être reconnus pour
ce que nous sommes , dès nos premiers pas
sur la scène !

Tous les genres d'esprit furent donnés aux Français; l'esprit de conscience leur manquera-t-il long-temps ? Ah! que la liberté vienne parmi nous! qu'elle redresse les âmes, qu'elle ennoblisse les paroles, en purgeant l'éloquence de ces vices nouveaux dont j'accuse toutes nos servitudes! Que nos bouches indépendantes ne se prêtent pas aux exigeances des partis, plus qu'aux volontés du pouvoir; que, dans nos pensées, on trouve nos sentimens, sans avoir à y chercher nos calculs; et qu'en se présentant pour combattre des doctrines, un loyal adversaire ne rencontre pas, dans la lice, des raisonnemens qui provoquent un combat inutile, à la place des arrière-pensées qui évitent un combat inégal!

Certes, les ennemis de la liberté devront s'en prendre à eux-mêmes, d'une distinction blessante. Je fais la part des craintes sincères, et celles-là je les respecte : tout ami de l'ordre devra les respecter comme moi, car elles se rattachent à l'un des grands intérêts politiques; je veux dire l'existence de la dynastie et la stabilité du trône. Mais il est des terreurs factices, derrière qui se retranchent les espérances insensées et les coupa-

bles tentatives. C'est là qu'est la faction, et
ses manifestes la trahissent ! Pourquoi recourir à l'outrage, si on aspirait à la concorde? Pourquoi calomnier les consciences,
exaspérer les amours-propres, menacer les
intérêts, si on voulait persuader les esprits
et rallier les cœurs ?

Mais non : on veut la guerre ; on la veut
avec les hommes, pour mieux la faire aux
choses. C'est l'égalité que l'on prétend détruire, et c'est la liberté que l'on attaque,
parce que la première a la seconde pour
sauve-garde. On conspire tout haut la perte
de nos institutions naissantes, parce qu'une
fois dans l'âge de maturité, elles seront ro-
bustes à la manière du géant de la Lybie :
comme Antée, elles tiendront à la terre; pour
les combattre avec avantage, il faudrait les
déraciner.

Il n'y a que deux sortes de gouvernemens :
ceux qui sont faibles, c'est-à-dire hostiles
et destructifs ; ceux qui sont forts, c'est-à-
dire populaires et conservateurs. L'aristocratie est donc seule mauvaise de sa nature,
car le principe en est vicieux. Une guerre
d'homme à homme étant établie dans les intérêts et les vanités qui sont aussi des inté-

rêts, le petit nombre ne peut défendre sa
sécurité que par l'effroi, et ses prérogatives
que par la corruption ou la mort. Aussi l'alliance de l'aristocratie est mortelle pour les
Etats, alors même qu'elle n'est pas encore
dominante. C'est elle qui a conduit l'empé-
reur Napoléon à sa chute. Il est tombé du
trône moins le jour où l'Europe s'est armée
contre son pouvoir, que le jour où la France
s'est retirée de lui. Mais il est faux que ce
soit son despotisme qui ait aliéné les peuples:
la liberté n'est pas ce qui importe directe-
ment aux hommes. En cessant de la consi-
dérer comme garantie, elle n'est bonne que
pour la classe éclairée, oisive et ambitieuse.
Toutes les situations sociales, au contraire,
ont besoin de l'égalité ; toutes la veulent, et
le gouvernement le plus robuste fut dissous
à l'heure où une politique misérable rappela,
dans l'empire, des catégories proscrites,
et dans les cœurs des craintes vigilantes. Ce
fut alors seulement que la révolution se sentit
enchaînée par le bras qu'elle avait armé pour
sa querelle. On vit que le potentat parvenu
prétendait pousser des racines dans le ciel,
et enter violemment tout son système sur
l'ancienne légitimité. La monarchie impériale

désintéressa les partis , et les Français la laissèrent s'écrouler aussitôt , à force de craindre ce que cette catastrophe leur a donné.

En effet , n'avons-nous pas vu autour des Bourbons , de ces antiques seigneurs des lis , se grouper avidement toutes les prétentions oligarchiques de la vieille France? Et Dieu sait où ce fatal cortège aurait pu les conduire ! Il n'y a de possible parmi nous que l'aristocratie instituée par la Charte. L'exemple de l'Angleterre a frappé le législateur auguste ; il nous a donné la pairie de nos voisins; nous l'acceptons comme le vénérable rendez-vous de toutes les renommées, comme le sanctuaire des illustrations de tous les âges. Là , brilleront les noms antiques chers à nos pères; les noms qui , liés à de grands souvenirs , devront s'associer désormais aux fastes de la liberté pour n'avoir plus à envier aucune gloire. Là, vieilliront à leur tour , les noblesses récentes dont la tâche sera de justifier leur exaltation de siècle en siècle , par un attachement héréditaire à la cause des libertés publiques. Que les ambitions généreuses prennent la pairie pour but; que les services éminens la trouvent pour récompense; qu'enfin la double prérogative de la transmission et de l'inviolabilité fasse des citoyens indépendans et populaires, plutôt que des grands seigneurs oppressifs et factieux; alors nous accueillerons l'espérance de transmettre cette institution à nos fils pour les préserver à la fois du despotisme et de l'anarchie, ces deux fléaux de l'espèce humaine, d'autant plus redoutables qu'ils s'engendrent l'un par l'autre.

C'est vouloir nous livrer à tous deux que d'aspirer à rétablir parmi nous des supériorités politiques, que la France repoussera toujours. Le sol se refuse à la restauration des ordres abolis, et il faut des richesses, du pouvoir, de l'éclat pour fonder une oligarchie. Penserait-on sérieusement à instituer une aristocratie nouvelle en lui donnant la base qu'eurent après la conquête les prééminences féodales? C'est bien mal comprendre notre histoire. Sans doute la propriété doit être en honneur; c'est sur elle que l'Etat repose: elle est la source de tous les droits; et c'est ainsi que l'entendirent nos pères, car la noblesse des Francs n'était autre que la démocratie d'Athènes: dans les deux Etats, tout propriétaire était homme libre; le reste gémissait dans l'esclavage.

L'esclavage a fui cette terre qu'il avait trop long-temps habitée ; les lois agraires de la révolution l'ont proscrit en livrant à la démocratie tout le terrein qu'il a perdu, et l'égalité se fonde aujourd'hui sur les titres qui ont produit les privilèges. Faut-il croire que, pour la renverser, on veuille introduire des classifications territoriales, et constituer parmi nous l'aristocratie de la richesse ; comme si on oubliait que, dans le siècle où nous sommes, beaucoup ont survécu au patrimoine de leurs aïeux ; beaucoup sont, ainsi que Clément XIV le disait de lui-même, venus au monde long-temps avant leur fortune ? Ainsi, ce sont les ennemis de la révolution qui prétendent ennoblir ses œuvres ! ce sont eux qui, proscrivent de nouveau tous ces serviteurs fidèles de la royauté, dépouillés pour sa cause, tous ces hôtes des rives étrangères, qui, après avoir partagé d'augustes infortunes, seraient revenus voir siéger au trône la dynastie qu'ils chérissaient et la révolution qu'ils ont combattue, sans participer au triomphe ni de l'une ni de l'autre ! Ah ! vos antagonistes sont meilleurs pour toutes ces victimes de l'ostracisme révolutionnaire : la liberté les accueille, les appelle ! ne pouvant leur restituer des héritages dissipés par nos troubles, elle leur offre le dédommagement de ses bienfaits ; elle leur donne des droits à exercer, des espérances à nourrir, et du moins, sous sa bannière, l'égalité politique leur reste à défaut des prééminences sociales qu'ils ont perdues sans retour.

Vous ne pouvez nier l'ingratitude qu'en avouant une arrière-pensée. Serait-ce que vous ne croyez pas la cause de la noblesse perdue ? Aveugles qui devriez comprendre enfin que le peuple français a été trop mûri par les grandes scènes des derniers temps, pour se prendre encore aux fictions de son premier âge. Il ressemble à ces jeunes hommes dont une terrible catastrophe a de bonne heure vieilli les âmes. Leur imagination désenchantée repousse toutes les illusions de la vie ; ils les glacent par un sourire où se prononce l'ironie du dédain avec l'expérience du malheur. On devine qu'ils analysent tout, parce qu'ils ont beaucoup souffert, et que leur regard, perçant de prime abord les prestiges dont s'enveloppe toute chose, ne voit et n'apprécie que les réalités.

Or, on ne fait pas un ordre, chez un peuple qui pense, avec des dénominations su-

rannées ou d'insignifiantes particules. A l'ex-
ception de quelques familles adoptées par la
reconnaissance publique, où est la noblesse
aujourd'hui ? Dans l'histoire, je sais où je
la trouve : présidant aux travaux, aux périls
d'un peuple belliqueux, le guidant sur les
champs de bataille, elle se signale sous plus
d'un règne par son patriotisme autant que
par sa vaillance héréditaire ; tantôt elle se
précipite à la conquête d'une île orgueilleuse,
d'un royaume puissant qu'elle va plier au
joug du bâtard d'un pair de France ; tantôt
elle s'élance vers l'Orient, soumet Byzance,
relève Trébizonde, épouvante les califes,
et arbore la bannière nationale sur les remparts de Sion. Plus tard, c'est elle qui par-
tage les malheurs de Saint - Louis ; paie la
rançon du monarque captif, ou triomphe
dans les plaines de Mons, de Fornoue,
d'Aignadel, et meurt sous les murs de Pavie.
C'est elle encore qui accourt à la voix de
Louis XIV, soutient la monarchie défaillante,
et fait de ses trophées un rempart contre le-
quel échouent tous ces potentats coalisés
dès-lors pour écraser notre vieille France !

Où donc est la noblesse maintenant que,
depuis près d'un siècle, elle ne s'est pas asso-

ciée à un grand souvenir ? croyons qu'elle a
péri dans les champs de Fontenoy, et sachons
gré au Dieu qui veille sur notre gloire, de lui
avoir donné un lit de mort si bien fait, pour
elle. Honorons sa mémoire dans ce qu'elle
a laissé de dignes rejetons ; mais ne les con-
fondons pas avec les rameaux inaperçus ou
flétris qui prétendent s'élever, au milieu de
nous, à l'égal de ce tronc illustre. Rappe-
lons-nous les Saturnales dont Montesquieu
venait d'être témoin, lorsque sa plume in-
dignée présentait *le corps des laquais de la
capitale comme la pépinière des grands
seigneurs de France* (1). N'exigeons pas
d'hommages pour un vain titre, fruit souvent
d'une usurpation, et quelquefois récompense d'une ignominie ! ce serait une déri-
sion trop grande, que de vouloir humilier
tout un peuple devant des prérogatives,
nées peut-être des sales prostitutions de la
régence, ou des scandales adultères de je
ne sais quel règne.

A Dieu ne plaise que j'insulte aux cendres
de nos pères ! j'attaque les prétentions qui

_____

(1) Lettres persannes.

veulent usurper leur héritage; mais je porte
volontiers mes regards sur les époques bril-
lantes de notre histoire. Il faut qu'un peuple
ait des tombeaux pour y trouver des en-
couragemens ou des leçons. La révolution
n'a que trop dispersé les nôtres ; elle a tout
jeté aux vents, et a fait du présent un point
sans liaison avec le passé , peut-être aussi
sans liaison avec l'avenir. La France nouvelle
doit se garder pourtant de désavouer l'ancienne France ; elle a droit d'en être fière ,
comme une jeune fille , belle et forte , peut
s'enorgueillir de sa mère , quoique flétrie
et courbée par les ans.

Ce sont les adversaires de la liberté , pour
le dire une fois, qui, à force de réveiller les
exaspérations assoupies , empêchent de se
renouer la chaîne de nos souvenirs. La crainte
de voir ressusciter le régime qui n'est plus,
finit par nous rendre notre histoire redoutable et nos aïeux suspects : nous en sommes
venus à ce degré d'ombrages que , pour
évoquer leurs mânes , il faille braver presque
l'opinion ou compter beaucoup sur elle. C'est
que, si un grand écrivain a eu raison de
présenter *les ruines comme jetant une utile*

moralité dans les scènes de la nature (1), il aurait dû dire aussi que, dans l'ordre politique, on doit se borner à méditer sur elles, et ne pas les employer follement à la reconstruction de l'édifice social. Or, telle est pourtant la pensée du parti que la France réprouve; ou bien, si l'assertion n'est pas fondée ; si vous vous renfermez dans les limites nécessaires qui séparent le passé du présent , pourquoi les plaintes éternelles , les réclamations injurieuses , les menaces insensées? Où tendent vos efforts ? quel but se proposent vos assauts ? N'invoqueriez-vous les tempêtes, au risque d'être les premiers engloutis, que pour jouir des imprécations et des craintes de l'équipage ?

Quoi qu'il en soit de vos arrière-pensées, vous avez mal choisi votre devise : il ne fallait pas écrire sur vos bannières, il ne fallait pas sans cesse offrir aux regards ces trois mots : *légitimité , religion , morale*, que le bon sens du peuple sait trop bien traduire par ceux-ci : *obéissance, obéissance, obéissance !*

---

(1) Génie du Christianisme.

Qu'on n'abuse pas de mes paroles! j'ai voulu dire qu'une faction qui veut le pouvoir doit connaître les passions de la multitude et s'en emparer à l'avance, afin de les maîtriser plus tard. Dans ces temps de troubles où toutes les obligations ont été méconnues, toutes les dépendances abjurées, et toutes les barrières franchies, il faut ramener les hommes dans les bornes légitimes par l'impulsion même qui les en a fait sortir! Le grand art est d'éloigner leurs sollicitudes, en ne désignant qu'un but désirable, et d'échauffer leurs ambitions pour réussir à les éteindre. Sous ce rapport, il est bien de parler de gloire au peuple, quand on ne veut que distraire son effervescence : quand on veut la finir, il n'y a de remède que dans la liberté. Ce mot, prononcé à haute voix, arrive à tous les cœurs; ils s'ouvrent à l'espérance; ils croient posséder tous les biens, et une fois que les craintes sont calmées, que la paix est rétablie, il est facile de conserver l'ordre, et même d'introduire une soumission docile en éclairant assez les esprits pour montrer qu'à côté d'un droit à exercer se trouve toujours un devoir à remplir : une nation en sait promptement plus qu'il n'en

3

faut pour arriver aux conséquences d'un principe qui lui est connu.

La France aujourd'hui le prouve, en s'effrayant de ce mot de légitimité qui n'aurait rien que de rassurant pour tous les intérêts, s'il indiquait seulement la successibilité légale. Une expression nouvelle pour une chose de tous les temps éveille l'attention publique. Les esprits supposent d'abord un secret dessein; ils s'agitent jusqu'à ce qu'ils le devinent, et le combattent jusqu'à ce qu'ils le détruisent. Quand on a vu la légitimité proclamée comme un dogme, avec des formes mystérieuses ou menaçantes, on a dû croire qu'en essayant de placer les droits du trône ailleurs que sur la terre, qu'en invoquant l'anathême contre quiconque osait porter les yeux vers l'arche sainte de la royauté, les ennemis de l'ordre constitutionnel minaient d'avance les institutions qu'ils se réservaient l'espoir de faire sauter plus tard. A quoi bon placer l'autorité suprême en dehors de la constitution, l'établir sur des croyances plutôt que sur des engagemens, la ranger enfin parmi les choses saintes, ce qui de nos jours n'est pas une sauve-garde, plutôt que parmi les choses bonnes, ce qui doit être une garan-

lie, à quoi bon, si tout cela ne devait aboutir
qu'à surcharger la foi des peuples, déjà trop
rebelle au faix des dogmes religieux pour en
accepter de politiques ? La doctrine du droit
divin est menaçante : elle compromet l'avenir
de la Charte ; ce devait être un motif de ne
pas soulever des questions inutiles. Quelle
puérilité de croire qu'on agit sur les hommes
en leur commandant de courber la tête devant des droits qui ne viennent pas d'eux ?
Plus vous en placerez l'origine loin de leur
portée, plus vous exaspérerez leur orgueil
jusqu'à la résistance ; et comme tout ce qui
est mystérieux effraie, vous acheverez de
révolter par la crainte un peuple que la raison
aurait soumis.

Qu'est-il arrivé parmi nous ? tous les publicistes ont remonté à l'origine du pouvoir
des rois. Dans les livres sacrés, ils ont vu le
divin auteur du Deutéronome dire à la nation
juive : *Cùm dixeris , constituam super me
Regem ;* ils ont vu (2) le Dieu d'Israël, in-
digné contre son peuple qui lui demandait
un roi, ne satisfaire ses vœux que pour châ-

_____

(1) Deut. , chap. xvii.
(2) Regum ; lib. I, cap. viii.

tier ses crimes : ils ont vu l'église s'armer
constamment de ses foudres contre toutes
les couronnes, les conciles (1) méconnaître le
principe de l'hérédité en décrétant qu'à la
mort d'un roi, les principaux de la nation
doivent se réunir, pour disposer du sceptre
et empêcher ainsi la guerre civile de mettre
l'Etat en feu ; des défenseurs de la toute-
puissance de Rome fonder la suprématie du
souverain pontife sur l'injustice des autres
souverainetés, et écrire ces choses : « Tous
» les rois sont des usurpateurs ; car il est
» inique de s'emparer du bien d'autrui par
» la force des armes : or, tous les royaumes
» d'Occident ont été soumis par des guerres.
» Il faut donc dire qu'ils ont été saisis injuste-
» ment, et que les successeurs des premiers
» occupans n'ont pas le droit de les re-
» tenir (2). »

Ces publicistes ont trouvé encore qu'autrefois on pouvait, en présence d'une race
régnante, dire tout haut que « le chef de la

_____

(1) Quatrième de Tolède, en 633, chap. LXXV ;
Extr. des Conc. d'Esp. par Garsias Loaysia.

(2) Thom. Bosius, liv. x des Marques de l'Eglise,
chap. XII.

» dynastie avait envahi le trône sur son
» cousin et maître, malgré les anathêmes
» de la cour de Rome contre ceux qui usur-
» pent des diadêmes, et qu'il fallait faire
» valoir en faveur de son âme, pour lui ob-
» tenir les miséricordes du ciel, tout ce que
» ses successeurs avaient rendu de services
» à l'église et fait de bien aux peuples (1). »

Ils ont trouvé qu'avant la révolution, un ministre du roi de France ne craignait pas d'affirmer *que la royauté vient toujours d'un contrat avec la nation* (2), que ce principe paraissait alors si bien avéré, qu'un des plus passionnés défenseurs de l'ancien ordre des choses, présente *la fidélité des Leudes* comme *appliquée, par les anciennes chartes des rois eux-mêmes, à la personne de l'état et non pas à la personne du prince* (3). Il avait à ci-ter la formule : *Consensu populi nostri.*

---

(1) Chronique de Bernard Guidonis, inquisiteur de la foi en 1308. M. S. 4985, p. 145. Les Chron. de Strozzi, Anchin, Guillaume de Nangis emploient des termes plus énergiques.

(2) Considération sur le gouvernement ancien et présent de la France, 1765.

(3) Le comte de Boulainvilliers, Dissertation sur la Noblesse.

Ils ont trouvé qu'il y a deux cents ans (1),
un officier de la couronne (2) pouvait faire
imprimer dans la capitale, sans encourir les
réclamations d'un parti, ou les censures cor-
rectionnelles du temps, une lettre au roi
Louis XIII, dont je transcrirai quelques pas-
sages (3) : « Sire, disait-il, il est bien séant,
» voire nécessaire que vostre majesté voye
» le pouvoir et dignité des estats-généraux,
» qui iadis *ont conféré, déféré les régences,*
» *les couronnes,* confirmé les roys, leurs
» loix, capitulaires et ordonnances, iugé les
» contentions des royaumes et adiugé les
» sceptres, auctorisé les partages de nossei-
» gneurs de France, réglé leurs appanages,
» abrogé les partis.....

» Ont conclud les traictés de paix, trèves,
» guerres, croisades, sous l'authorité de
» leurs Maiestés, desquelles ils ont soigné
» singulièrement le salut et la sûreté de leurs
» sacrées personnes, la conservation de leur
» temporel......

(1) 1615.
(2) Iehan Savaron, conseiller du roi, président,
lieutenant-général en la sénéchaussée d'Auvergne, dé-
puté aux états-généraux de l'an 1615, sous Louis XIII.
(3) Traicté de la Souveraineté du roy et de son
royaume, Epître dédicatoire au roy.

» Ont représenté la misère des peuples,
» et présenté requestes que leurs màiestés
» ont entérinées signamment les roys de ce
» nom de Loys : Loys Ier., Loys-le-Débon-
» naire , Loys son petit fils , Loys-le-Gros,
» Loys-le-Ievne, Loys-Lyon, Loys-Hutin, qui
» conclud aux Etats qu'on ne pourrait im-
» poser ni leuer taille sans l'octroy des
» trois ordres ; Loys XI , Loys XII. Je n'ay
» fait que courir sur ces roys du nom de
» Loys , pour venir à Saint-Loys, qui..... »

Il finissait en s'écriant : « L'honneur, sire,
» de tant de roys , et la mémoire glorieuse
» de ces Loys, doit toucher vivement votre
» maiesté, et la mouuoir de pitié pour ces
» pauvres subjects, auxquels il reste encore
» la langue pour la supplier très-humblement
» et réclamer iustice à celui que la uoix et
» les uœux publics proclament *iuste*. »

Qu'on me pardonne de répéter ce qu'il était
permis à nos pères d'écrire. Qu'on me pardonne une citation qui devient presque une
flatterie , grâce au tribut de reconnaissance
que la liberté offrait , dès il y a deux siècles,
à cet antique nom de Louis. La harangue du
magistrat indépendant n'aurait rien de nouveau pour le prince dont la sagesse a rassemblé

toutes les institutions libérales de la monai-
chie primitive , et réalisé les vœux que la
véritable France ne manquait pas de pro-
noncer , dès que le bienfait d'une représen-
tation nationale lui était rendu. Celui dont
la main auguste a tracé la Charte sait qu'il
n'a pas besoin de plus nobles titres pour
régner sur les Français ; qu'il ne peut pas en
léguer de plus sûrs à ses neveux pour régner
sur les nôtres.Fier de la consécration des neuf
siècles qui se sont écoulés depuis la prémière
alliance de nos ancêtres avec sa dynastie, le
monarque philosophe ne prétend pas remon-
ter plus haut : c'est dans ce sens qu'il a pu
invoquer *le Dieu par qui règnent les rois* (1).
Les bons rois sont en effet sur la terre pour
y accomplir les miséricordes du ciel ; les
mauvais , pour manifester ses vengeances ;
car c'est du Dieu très-haut que tout émane ,
les sujets comme les potentats, les citoyens
qui honorent leur patrie comme les grands
qui l'oppriment, les Philippe-Auguste , les
Charles-le-Sage , les bon Henri , comme tous
ces princes ennemis de la liberté, indifférens

---

(1) Discours de sa majesté à l'ouverture de la ses-
sion actuelle.

à la gloire, qui ne vivent dans les annales des Etats que pour aller, d'âge en âge, recueillant le mépris ou la haine des hommes.

C'est une singulière fatalité que les adversaires du régime inévitable de la Charte corrompent, aux yeux du peuple, tout ce qu'ils peuvent appeler à leur aide d'utile ou de sacré. Les meilleures doctrines deviennent impopulaires dans leurs rangs, de telle sorte que, par dévouement pour leurs principes, ils devraient s'abstenir de les professer.

L'opinion est si ombrageuse à leur aspect, que, présentée par eux, la religion effraie à l'égal de la légitimité. Chose notable! Napoléon put relever les autels, avoir un clergé, rendre au culte de la magnificence, aux pontifes des hommages, aux temples de la foule. Les princes très-chrétiens ont reparu au milieu de nous : la confiance des peuples s'est retirée, comme si le désert voulait de nouveau envahir l'église de Jésus-Christ.

Un effet si étrange a des causes que je ne craindrai pas d'aborder avec franchise. Si des consciences me réprouvent, qu'elles parlent ; la mienne est là pour les entendre. Quant aux passions que je puis blesser sur ma route, qu'elles aient recours à l'ou-

trage ; je ne discuterai pas avec elles , nous
ne parlons pas la même langue.

La religion est tout ce qu'il y a d'excellent
sur la terre , tout ce qu'il y a d'utile aux
hommes. Comment mieux rendre ma pensée
qu'à l'aide d'une comparaison autorisée par
les Ecritures ? Le genre humain trouve dans
la religion ce que l'homme cherche dans sa
compagne : un bras qui le soutient à travers le
pélerinage de la vie , une main inaperçue qui
essuie ses pleurs , une âme mystérieuse qui
le comprend, un cœur invisible qui l'exauce.
Avec elle, nous respirons à l'aise dans les ca-
chôts , nous échappons à l'isolement au sein
de la solitude ; avec elle l'imagination affranchie recule l'horizon devant nos désirs , et ne
l'arrête qu'aux bornes de l'infini ; elle nous
crée là des mondes , où notre indépendance
ne risque pas de voir l'oppression, notre phi-
lanthropie de rencontrer l'injustice , nos at-
tachemens d'aboutir au veuvage. Elle ne nous
console pas comme le temps qui efface nos
peines. Elle fait plus : quelquefois son charme
inexprimable rappelle des illusions dans le
cœur glacé, dont toutes semblaient bannies ;
ou bien , quand il est devenu stérile à force
de douleur , quand il va être brisé par le

désespoir, voici que, frappant le rocher,
comme aux jours de Moïse, elle nous donne
le seul soulagement des grandes misères ;
elle sait encore nous trouver des larmes (1).

---

(1) Je me détermine à transcrire, dans un ouvrage
de M. B.......... de C........., quelques lignes qui
rendront toute ma pensée mieux que je ne saurais le
faire. J'ignore si l'auteur approuvera ce larcin : mais
je suis sûr de trouver grâce aux yeux du lecteur.

« Tout ce qui est beau, tout ce qui est intime, tout
» ce qui est noble participe de la religion. Elle est le
» centre commun où se réunissent, au-dessus de
» l'action du temps et de la portée du vice, toutes les
» idées de justice, d'amour, de liberté, de pitié, qui,
» dans ce monde d'un jour, composent la dignité de
» l'espèce humaine ; elle est la tradition permanente
» de tout ce qui est beau, grand et bon à travers l'a-
» vilissement et l'iniquité des siècles, la voix éternelle
» qui répond à la vertu dans sa langue, l'appel du
» présent à l'avenir, de la terre au ciel, le recours
» solemnel de tous les opprimés dans toutes les situa-
» tions, la dernière espérance de l'innocence qu'on
» immole et de la faiblesse que l'on foule aux pieds...
» celui qui regarde comme des erreurs toutes les espé-
» rances de la religion, doit être plus profondément
» ému qu'un autre, de ce concert universel de tous
» les êtres souffrans, de ces demandes de la douleur
» s'élançant vers un ciel d'airain, de tous les coins
» de la terre pour rester sans réponse, et de l'illusion

Quand son assistance fut-elle plus nécessaire aux hommes que parmi ces temps si semblables à ceux de son premier âge ; ces temps des douloureuses réalités où l'homme, plus que jamais désintéressé de la vie, a besoin de se rejeter en arrière du monde, d'y trouver un vaste asile, d'avoir quelque part un avenir sans limites, des sentimens sans amertume, et un espoir qui n'aille pas se briser contre le néant ; ces temps enfin, prédestinés à la décadence des sociétés humaines, époques arides où les jeunes années n'ont pas de prestiges, l'existence entière point de but, les gouvernemens pas de lendemain ; où nous descendons au milieu de l'arène sans émotion et sans désirs, vils jouets de la destinée, déplorables gladiateurs qui, dans la lutte, pouvons arriver au triomphe et jamais à la gloire ?

Croyons-en aux souffrances des générations présentes : la religion n'est pas repous-

---

» secourable qui prend pour une réponse le bruit confus de tant de prières répété par les vents...........» Principes de politique, ch. XVII. Ce chapitre contient sur le sentiment religieux 3o pages qui auraient peu de termes de comparaison ailleurs que dans le sujet même.

sée par elles ; ou si le malade rejette le breu-
vage salutaire, accuserons-nous les lèvres
qui se refusent à la coupe? accuserons-nous
les mains qui la présentent?

C'est là le sort des meilleures choses, de se
pervertir parmi nous, créatures imparfaites
que nous sommes! Le chistianisme a paru
souvent se détourner de sa mission auguste.
Il est arrivé quelquefois que ses ministres
ont prétendu se confondre avec lui, et les
nations n'ont pas manqué de prendre aussitôt le change, non pour confondre le
clergé dans le respect que la religion commande, mais pour laisser aveuglément s'aigrir
contre le culte les passions qui les animaient
contre le sacerdoce.

Combien il faut que l'œuvre de Dieu se
soit détériorée dans la main des hommes,
puisque j'ai à dire que les anciens ont eu sur
nous trois avantages!

D'abord la religion et la politique ne com-
posaient qu'un même tout. C'était une expression double de la société, la société vue
dans ses principes ou dans ses croyances,
manifestée par ses institutions et par ses
rites. L'Etat pouvait passer de la démocratie
au despotisme, courir de révolution en ré-

volution, le culte restait constamment soumis aux lois régnantes. Que la cité fut régie
par des archontes, par Pisistrate, par les
Trente! les entrailles de la victime, la fumée
des sacrifices, le vol des oiseaux sacrés, se
conformaient toujours à l'impulsion du pouvoir pour diriger les émotions du peuple.
Ainsi le char politique évitait les cahots que
rend inévitables l'action de deux principes
différens, et quelquefois opposés. Ainsi les
anciens échappaient à une cause de bouleversemens qui a eu de terribles résultats chez
les modernes. Pourquoi cette opposition
frappante? c'est que les pontifes n'élevaient
pas la prétention de former un ordre; ils
étaient citoyens; ils n'avaient entre eux aucune relation d'intérêt ni d'obéissance; les
fonctions du culte étaient des charges de
l'Etat; surtout on ne connaissait pas de chefs
extérieurs, de devoirs compliqués, d'ambitions indépendantes; il n'y avait nulle part
deux familles. Quand deux augures se ren-
contraient, le plus impie ne pouvait que les
accuser, comme Cicéron, de ne s'être pas
entrevus sans rire.

La première différence en révèle une seconde. Personne n'avait assez mauvaise opi-

nion d'autrui ou de soi-même, pour s'opposer
aux progrès de la raison humaine. Aucune
corporation ne faisait bande à part et ne
s'appuyait aux autels pour lutter contre l'esprit des siècles. D'ailleurs, le paganisme
avait, si je puis parler ainsi, une élasticité
si grande, qu'il se prêtait merveilleusement
à tous les besoins, à tous les degrés de la
civilisation. Le laboureur agenouillé devant
les prémices de ses champs; la jeune fille,
en prière ou rêveuse au murmure de la fon-
taine voisine, et Platon s'élevant, par les
contemplations du génie, jusqu'à son admi-
rable ternaire, vue anticipée du nôtre ; tout
enfin, depuis le hameau jusqu'au portique,
professait le même culte, sacrifiait sur les
mêmes autels. Il y avait des croyances pour
toutes les instructions et des dieux à la portée
de tous les esprits. Là, les formes étaient
pour l'homme grossier, et les mystères pour
le sage ; combinaison heureuse qui admet-
tait les opinions divergentes, faisait un
seul tout des doctrines opposées et une
seule communion de tous les peuples de la
terre. Le septicisme était admis dans ce bazar
mystique de toutes les croyances humaines :
on pouvait tout rejeter comme tout ad-

mettre ; l'athée seul, dans cn grand système, demeurait étranger à ce monde pour vouloir l'être à l'autre.

Enfin, la société accueillait jusqu'aux opinions à venir. Les précautions de la tolérance avaient institué des autels pour les *dieux inconnus*, sortes de pieds-d'estaux que l'antiquité tenait tout prêts à recevoir les idoles nouvelles, pour ne pas donner aux discordes le prétexte ou le loisir de naître : aussi s'est-il écoulé bien des siècles avant que les dissentimens religieux aient allumé des guerres. Le paganisme n'a fait verser ni sang ni larmes, jusqu'au jour où le Dieu, qu'il avait installé au Capitole (1), voulut enfin le bannir de l'univers. Jusque-là, pourquoi eût-il été cruel? Il recevait tous les dogmes : il n'en commandait aucun Sa foi était aussi vaste que la création, aussi grande que l'Être suprême: car, jusqu'aux plus misérables atômes, tout était Dieu pour lui, *sans en excepter le vrai Dieu*. A la place de tout cela, mettez des dogmes qui doivent être exclusifs, et des pontifes qui puissent se dire infaillibles; le doute étant une rébellion, le raisonnement

(1) Jésus-Christ.

sera un crime, à moins qu'une morale sur-
humaine ne comprime les orgueils impatiens et les oppressions intéressées. Il faut
un frein de toutes les heures, pour qu'en pareil état de choses, on ne soit pas intolérant
afin de réussir à dominer, ou persécuteur
afin de dominer toujours.

Certes, ce n'est pas l'Evangile qui a boule-
versé les Etats, proscrit les lumières, en-
sanglanté le monde. Ce n'est pas la religion
de l'Evangile que les peuples redoutent ; une
loi qui se fonde sur l'amour réciproque de
tous les hommes, et qui fait un devoir de
l'espérance ; cette loi sainte sera partout re-
çue comme la manne des cieux fut accueillie
au désert. Mais il faut que les mains chargées
de la répandre ne s'arment que de l'encen-
soir, ignorent le glaive, et n'aspirent pas
au sceptre. Il faut que les esprits ombrageux
ne puissent plus craindre des scandales ré-
prouvés désormais par nos mœurs, ou des
abus pour toujours détruits par nos lois.

Le christianisme fut donné à la terre quand
la terre gémissait sous le joug de toutes les
tyrannies, quand l'esclavage flétrissait les
deux tiers de l'espèce humaine, quand le
reste était, pour ainsi dire, classé en couches

de servitude, toutes écrasées sous le poids d'une cité-reine, qui elle-même servait sous un homme. Le christianisme vint, et prêcha l'égalité ; il assit l'esclave à la table du maître ; il offrit aux malheureux un divin refuge ; et bientôt, accueilli par toutes les souffrances, il régna sur le monde. Les classes oppressives continuèrent seules de méconnaître sa loi ; et la lutte des vieux intérêts avec les doctrines nouvelles a peut-être contribué beaucoup à livrer l'empire sans défense aux envahissemens des peuples du Nord. Que la leçon ne soit pas perdue ! N'employons pas la religion à combattre la liberté, son ancienne alliée, ou du moins voyant en silence des institutions libérales sortir peu à peu du milieu des ruines, restons étrangers à des résistances dont le résultat inévitable serait de perdre l'ordre social au nom du Sauveur des hommes.

Le christianisme fut donné à la terre pour éclairer les peuples. Faut-il consacrer son empire à entraver la marche de l'esprit humain, à calomnier ses œuvres, à faire redouter ses progrès ? L'esprit du siècle ne serait pas hostile, si rien autour de lui n'était offensif ; la foi n'aurait pas à redouter les lu-

mières nouvelles ; si elle était mieux com-
prise de tous ceux qui la défendent. La foi
ne prend pas naissance dans les esprits, elle
réside dans les cœurs ; et il n'est pas de dia-
lectique au monde qui puisse ni l'y fixer,
ni l'en bannir ; car c'est un des caractères de
notre religion sainte, qu'il ne faille pas la
faire croire : il faut la faire aimer.

La chose est possible ! Que le flambeau
de l'Evangile soit jeté au milieu de nos dé-
sordres, pour éclairer les âmes sur la vanité
de nos ambitions et de nos disputes ; jamais
pour allumer des ressentimens, et irriter un
incendie qui peut-être nous dévorera tous !
Que l'on oublie un passé trop compliqué
dans ses vicissitudes, pour que chacun de
nous n'y ait pas contracté un repentir ;
trop douloureux aussi pour que nos larmes
n'aient pas effacé nos fautes ! Qu'on accepte
la raison comme auxiliaire, au lieu de la re-
garder comme ennemie, en songeant bien
que la religion n'est autre que la philosophie
jointe au dogme ! Que le peuple trouve toujours de la charité dans ses pasteurs, des
consolations dans leurs paroles, et des se-
cours dans leur assistance ! Alors, la bien-
faisance publique devra, de son côté, pren-

dre les ministres du culte pour ses intermé-
diaires , afin que la multitude , obligée de bé-
nir le sacerdoce , se rapproche peu à peu des
autels , et y reprenne les habitudes pieuses
que nous avons , depuis trop long-temps ,
perdues.

J'ai parlé longuement de l'opposition spi-
rituelle que la liberté peut craindre , parce
qu'à dire vrai , je crois la religion destinée à
jouer un grand rôle dans le triste avenir que
j'entrevois. Tous les excès se touchent ; l'il-
luminisme envahit l'Allemagne, et nous avons
la tête vive. S'il pouvait arriver quelque jour
que la mysticité s'identifiât à nos querelles ,
c'est bien alors que j'aurais eu raison d'établir qu'*à dater d'un premier trouble , l'ordre
social sera dissous*.

Puissent les ennemis de la liberté ne pas
rendre ce malheur inévitable par d'impru-
dentes attaques ! puissent-ils ne plus menacer
du *droit naturel* (1) une nation dont le débordement les emporterait tous au jour où
elle ne serait plus contenue par un droit public basé sur les conséquences nécessaires
de la Charte !

---

(1) Cette expression a été employée ; elle est écrite.

J'ai distingué, parmi les adversaires du régime nouveau, ceux qui veulent, *novateurs à rebours*, comme je les appelais il y a deux ans, reconstruire violemment, sur un sol qui leur échappe, la monarchie qui n'est plus ; et ceux dont les craintes pieuses entrevoient la chute du trône comme prochaine, si l'autorité royale demeure entravée et l'opinion publique affranchie. Il faut combattre les premiers, et persuader les seconds.

Que les uns et les autres sachent bien qu'on ne résiste pas sans péril au vœu d'un peuple ; que surtout on ne retire pas impunément des concessions législatives ; les menacer, est peut-être plus périlleux encore, parce qu'on joint l'odieux de l'agression au mépris de l'impuissance : les esprits plongent à loisir dans l'abîme qu'on voulait creuser, et Dieu sait comme, en le mesurant, chacun a soin de l'agrandir, jusqu'à ce que les regards se retournent vers la main qui poussait au précipice ; tout le monde alors la suppose faible, parce qu'après avoir été menaçante, elle est restée inactive ; l'indignation s'élève et croît dans la même proportion que la crainte diminue ; toutes les voix demandent une réparation en même temps qu'une garantie, et le pouvoir peut opter entre la guerre civile ou des concessions nouvelles.

Ceci n'est pas un tableau de fantaisie; l'histoire de tous les temps et de tous les lieux en fournissent les couleurs. Je ne veux pas prendre d'exemple parmi nous. Je me rejette sur les annales du peuple anglais, et j'y vois que les règnes où la constitution a été le plus opiniâtrement combattue par l'aristocratie ou par la couronne, sont précisément les époques où elle a gagné le plus de terrein sur les priviléges et sur l'arbitraire, qui est le plus désastreux de tous. J'y vois aussi que le plus grand fléau des princes est le dévouement de factions impopulaires qui, prétendant avoir un appui sur les degrés du trône, font arriver plus haut qu'elles la défaveur publique, et empêchent imprudemment de se former des liens d'attachement et de confiance, si désirables pour la dynastie et si salutaires pour le peuple. La chute de Jacques II fut préparée long-temps à l'avance par l'ascendant que les torys se flattaient de prendre sous son règne. Le soin qu'ils avaient d'environner ce prince de leurs espérances,

lui devint plus funeste que la descente de
Guillaume, et dans ce moment redoutable
il ne vit point se rallier à sa bannière ceux
dont les prétentions inconstitutionnelles
l'avaient compromise durant l'administration modérée de Charles II. Cette catastrophe était depuis long-temps pressentie
comme inévitable, s'il arrivait que le duc
d'York, monté sur le trône, n'entrât point
franchement dans les voies de son prédéces-
seur. Tantôt on publiait que le roi venait de
répondre aux remontrances inconsidérées
de Jacques : *Mon frère, vous êtes encore
jeune; vous pouvez recommencer vos courses; moi, je suis vieux et malade, il faut que
je demeure ici.* Tantôt le poète Waller disait
aux wighs, mécontens d'une concession
faite aux torys : *Que voulez-vous? le roi, en
dépit du parlement, qui ne veut pas que le
duc d'York lui succède, a résolu de le faire
régner d'avance.* Ainsi s'aigrissaient des op-
positions dont les conséquences étaient faciles à prévoir, dans un pays où, quoi qu'on
en dise, la liberté vivant au jour la journée,
a besoin de s'assurer quelque avenir par un
grand effort, dès qu'un grand péril semble
peser sur elle.

L'exemple de l'Angleterre, en prouvant ce que peuvent les craintes d'un peuple, prouvent aussi qu'il faut environner le trône d'institutions qui lui servent à la fois de sauve-garde et de barrière. Les hommes vraiment monarchiques prendront confiance dans l'ordre constitutionnel, s'ils songent que, dans l'état présent des choses, la dynastie n'a pas un ennemi qui ne soit à la fois l'ennemi de la liberté; non que bien des préjugés n'aient été répandus parmi nous, et peut-être bien des haines excitées, mais parce que la liberté ne naît pas au milieu des orages; parce qu'elle a beson d'un calme profond pour étudier la terre qu'elle adopte, y jeter des fondemens et mettre peu à peu sa demeure à l'abri des outrages du temps, comme de l'invasion des flots; parce que le maintien de l'ordre est nécessaire à tous les intérêts, et qu'enfin la France doit avoir, d'une terrible manière, appris qu'il n'y a plus à opter pour elle qu'entre des Bourbons ou des fers.

Certes, s'il se pouvait que la coalition eût des arrière-pensées, si les Cours n'étaient pas plus désarmées que les frontières, si cette Europe ne tenait trois millions d'hommes

sous les armes que pour attendre le signal
de recommencer Vaterloo , c'est bien alors
que la patrie n'aurait de force que dans la
concorde de ses fils , et d'appui que dans le
trône de ses rois. Tant que règnera un héritier de Hugues Capet, l'indépendance nationale ne serait menacée que par des manœu-
vres souterraines , par la précaution d'inter-
venir dans nos dissentimens à la façon des
Romains, pour exaspérer les partis ; balan-
cer leurs forces , armer les guerres civiles ,
et introduire de nouveau l'assistance étrangère. Tant que règnera un héritier de Hugues
Capet , la France ne sera pas attaquée de
front. La politique des rois n'osera pas songer à briser un sceptre que l'intérêt des couronnes rendront sacré pour eux. La Sainte
Alliance respectera une famille royale , la
doyenne des dynasties , que huit cents ans
de souveraineté protègent, qui a vu naître
tous les empires , grandir tous les peuples ,
sortir de la poussière toutes les maisons
régnantes, qui ne pourrait être violemment
dépossédée par des rois , du pouvoir de ses
pères , sans qu'aux yeux des peuples , la
royauté ne parût aussitôt avoir abdiqué ses
prérogatives et déchiré ses titres.

L'indépendance de la patrie n'est pas seule à défendre le trône ; la liberté aussi veille à sa garde, car ce n'est pas seulement pour les rois que fut donnée la grande leçon du 20 mars.

Si l'édifice constitutionnel ne s'achève pas aujourd'hui, l'heure est passée ; la France peut s'apprêter aux tyrannies. Quand retrouvera-t-elle, dans le chef de l'Etat, un esprit assez éclairé pour entendre le vœu de l'opinion, et une politique assez sage pour le satisfaire ; un prince assez indépendant des préjugés du pouvoir, pour consentir à mettre en œuvre cette maxime du grand Alfred, que les peuples devraient être aussi libres que leurs pensées ; un monarque assez mûri par l'infortune, comme ce premier fondateur de la constitution anglaise, pour ambitionner sa gloire, non de guerrier, mais de législateur, et consentir à toutes les transactions qui peuvent calmer l'effervescence des partis, en donnant à la paix publique des garanties de stabilité ? Quand retrouvera-t-elle, autour du dépositaire auguste de l'autorité suprême, des princes qui tous rassurent par leur caractère, leur âge, leur vie même, qui, n'ayant pu combattre les

étrangers ni voulu combattre les Français ,
n'arriveront pas au trône environnés de cette
gloire des camps devant laquelle toutes les lumières de la liberté pâlissent? Profitons des
bienfaits de la destinée ! sachons asseoir l'a-
venir sur des bases solides ; et ne compro-
mettons pas le présent avec des préventions
aveugles ou des espérances insensées !

.. Que les défenseurs des principes de la
Charte professent un respect sincère pour
ses conséquences , et n'oublient pas que la
première de toutes est le serment prêté par
chacun de nous , de maintenir et de défendre
ceux de qui elle émane ! Notre style ne doit
pas autoriser les ombrages , ou notre attitude
inspirer des craintes. Gardons-nous surtout
d'exprimer des regrets hostiles , de pronon-
cer des réclamations menaçantes , d'aigrir
enfin les cœurs au lieu d'éclairer les esprits !
Il est facile de combattre l'aristocratie et le
pouvoir avec l'éloquence des Gracques , de
remuer les passions de la multitude , et d'en-
rôler ses fureurs ! Il l'est moins de déjouer
des complots parricides , de ramener l'éga-
rement , d'effrayer le crime , de sauver enfin
l'Etat sans que le peuple ait à recourir aux
armes. Chacun de nous doit choisir d'être

citoyen comme les tribuns qui attisent le
feu des dissensions civiles, ou comme
l'orateur ferme et sage que le sénat et le
peuple saluent au Capitole, père de la
patrie.

Je ne parle pas pour ces amis ardens de
la liberté dont les doctrines admettent avec
peine un système monarchique : ce ne sont
pas eux dont je crains l'influence. Sans doute
si la foudre venait à frapper le trône, si de
l'antique dynastie tout était anéanti, hormis
le souvenir des beaux règnes dont elle s'ho-
nore, on verrait la république rallier encore
bien des cœurs ; beaucoup adopteraient une
bannière que des armées ennemies ne pré-
senteraient pas, et la destruction de la
royauté deviendrait ainsi un dernier hommage. C'est après Codrus que le gouvernement royal fut aboli par Athènes. Mais aujourd'hui les vrais républicains ne sont pas
à redouter ; ils feront sans peine le sacrifice
de leurs théories pour assurer le triomphe
de leurs principes, pour éviter le retour des
bouleversemens. Vouloir un but, c'est se
soumettre aux moyens, de telle sorte que,
n'étant pas royalistes par sentiment, ils seront bourbonistes par raison.

Je ne crains pas davantage un fantôme sanglant dont chaque jour on menace la France.
Le jacobinisme a cessé pour long-tems d'être
possible parmi nous. La révolution, en ni-
velant les grandes fortunes, a couvert le sol
de propriétés intéressées à rester debout.
Ce n'est pas le peuple qui a rompu toutes les
digues, il y a trente ans; qui a tout renversé
sur la route, les châteaux, les institutions,
et la royauté même ; c'est une foule d'hommes déshérités par des lois barbares, et
placés entre les souvenirs de leur naissance,
les habitudes de leur vie et les privations de
la pauvreté. Il fallait descendre dans les derniers rangs de la société ou la détruire : elle
était ébranlée alors jusque dans ses fondemens ; ils achevèrent l'œuvre des siècles, et
le monde social fut bientôt un désert où l'œil
épouvanté n'aperçut que des ruines. En reli-
sant les annales de cette époque, on est étonné
de la foule des noms qualifiés qui en chargent
les pages. La noblesse est vouée aux échafauds, mais elle n'y monte pas toujours en
victime ; bien des bourreaux sortent de ses
rangs. L'ancien ordre de choses s'écroule
sous la hache, et ce sont souvent des
mains transfuges qui la manient. Dans cette

confusion des principes et des rangs, je vois la Vendée mettre un paysan à la tête de ses bandes, et la Convention commettre à sa défense le bras d'un duc et pair !

La liberté serait, du reste, le plus sûr obstacle que nous puissions présenter au jacobinisme. Elle fait appel à tous les intérêts ; elle lie toutes les fortunes, et elle repose sur toutes les propriétés. Aussi la société doit trouver en elle une inviolable sauvegarde ; sa force n'aura pas à réprimer d'ailleurs les masses turbulentes qui rendent la démagogie redoutable à d'autres Etats. Parmi nous, il n'y a pas de classe oisive ; la partie pauvre est laborieuse, parce que son salaire suffit à ses besoins. Une moitié du peuple n'est pas intéressée au désordre, stipendiée sans travail par les alarmes publiques et constamment avide de donner main-forte à toutes les ambitions factieuses. Cet avantage nous assure que la France, en usant des droits garantis par la Charte, ne ressemblera jamais à ces contrées qui, périodiquement, deviennent, pour ainsi parler, des tavernes électorales où l'on peut prédire, à coup sûr, qu'une nation toute entière sera ivre tel mois, et à vendre tel jour.

Le peuple est donc plus facile en France
à maintenir dans les bornes légitimes; c'est
une raison de l'exciter moins à les franchir,
car rien n'est terrible comme le débordement d'une multitude dont les passions ont été
long-temps comprimées. Nos pères en firent
une sanglante épreuve lorsque le désastre de
Poitiers et la présence des bandes étrangères
conduisirent la monarchie à deux doigts de
sa perte, et laissèrent le peuple sans travail
et sans pain. Fatigué de voir une noblesse
séditieuse piller les villages, désoler les familles et insulter ses victimes du nom de
Jacques - Bon - homme, Jacques - Bon-
homme se réveilla; les fureurs populaires
ne connurent pas de bornes, le feu courut
de bourgade en bourgade; des flots de sang
coulèrent, et le souvenir de la Jacquerie mérita de rester dans l'histoire comme la plus
effroyable leçon qui pût être donnée aux
perturbateurs de la paix publique.

N'encourons pas tous ces maux, d'une
part en donnant l'éveil aux craintes du peuple, par des bruits sinistres ou par d'impru-
dentes menaces; de l'autre par le désir coupable de nourrir une effervescence qui serait
peut-être, dès le premier abord, funeste à

ses auteurs. La révolution devrait avoir appris qu'il ne faut pas compter beaucoup sur ces faciles royautés de parti dont l'éclat ne sert bien souvent qu'à monter plus vite à l'échafaud.

Tout ce qui n'est pas éclairé en France a confondu la liberté avec l'homme qui fut son plus violent ennemi. Ses pompes triomphales séduisirent la multitude, comme si c'était elle qui, placée avec lui sur le char de victoire, envahissait le trône des rois, et courbait sous le joug toutes les majestés abattues. Ses grandes adversités émurent, comme si la gloire des armées et l'égalité des droits s'enfuyaient avec lui sur le *Bellérophon*, et allaient chercher un asile par-delà les mers. Aussi les regards des classes ignorantes se tourneront vers l'Océan, aussi long-temps qu'une instruction salutaire n'aura pas dissipé enfin les erreurs, et mieux dirigé les espérances.

Les vrais amis de la liberté ne perpétueront pas la méprise ; ils éclaireront des regrets funestes ; ils ne caresseront pas un souvenir qu'il faut désormais abandonner à l'histoire ; surtout ils ne propageront pas l'esprit des camps, cet auxiliaire redoutable

de la faction qui veut s'approprier les trophées de la France, pour dominer de là ses
destinées, et sans doute lui imposer de nouveau la tyrannie des baïonnettes. Certes,
quand il s'agit de notre indépendance, de
notre gloire, de nos armées, mon cœur
français palpite, une larme tombe sur mon
visage ; mon orgueil jouit du passé, mais à con-
dition qu'on ne prétendra point le substituer
à l'avenir. J'ai acquis le droit de dire toute ma
pensée ; je la dirai. Pourquoi la lithographie
couvre-t-elle aujourd'hui nos murailles d'i-
mages qui, sans doute, n'ont pas pour but
de ramener le peuple au sentiment des libertés publiques ? Quand la mine jouait sous les
ponts de la capitale, quand une landwher
insolente pointait ses batteries sur le Louvre,
c'était alors qu'il fallait afficher nos victoires pour rappeler aux triomphateurs combien le peuple français peut redevenir puissant encore, combien aussi les prospérités
sont passagères. Mais aujourd'hui qu'espère-
t-on ? entretenir l'amour de la patrie ? Ce
n'est pas dans les clases inférieures de la
société qu'on le verra s'éteindre ; elles sont
toujours les plus vivement animées de ce
feu sacré, comme les habitans des climats

stériles et désolés du Nord, sont les plus attachés à la terre qui les vit naître. Rendre un nouvel hommage à nos soldats ? ils n'en ont pas besoin : il leur suffit que, lorsque la fortune a voulu abandonner leurs enseignes, elle n'ait pu, dans toute cette Europe, trouver pour théâtre à leurs revers, qu'un champ de bataille immortalisé déjà par le succès de leurs armes (1)! Touchans remords de la victoire, qui, pour honorer jusqu'au bout ses vieilles bandes, a voulu que l'armée des Pyramides, des colonnes d'Hercule, et de la Mojaïsk, revînt, après vingt-cinq années de courses glorieuses, périr noblement aux mêmes plaines d'où elles s'étaient autrefois élancées sur le monde ! Puissions-nous, pour le bonheur des peuples, n'avoir pas la même vie ; et pour le salut de la France, n'avoir pas la même mort !

Je combats l'esprit militaire, parce que, dans les rangs de l'ancienne armée, il serait ennemi de la dynastie ; et dans les rangs de l'armée nouvelle, ennemi de la liberté, partout factieux et destructeur. Mais il ne peut devenir redoutable qu'à la suite des agita-

---

(1) La plaine de Fleurus.

tions ; il ne les provoquera point : trop de lumières le surveillent, trop d'intérêts le repoussent pour qu'il puisse ouvrir l'arène et jeter le gant à nos discordes. L'accomplissement de la Charte suffirait pour le réduire à l'impuissance ; car je vois dans l'histoire, les empires absolus, les pays oligarchiques, les gouvernemens populaires, périr dans une lutte inégale avec les rébellions de la force armée. Mais le fer ne mord pas sur des lois. Une monarchie constitutionnelle n'a pas de Rubicon ; je le pense du moins, en dépit des craintes dont la tribune nationale retentissait il y a peu de jours ; les raisonnemens de quelques orateurs ne m'ont pas convaincu ; leurs comparaisons ne m'ont pas mieux séduit, et je persiste à croire que la France, avec des institutions libérales, peut braver ses capitaines, ceux mêmes devant qui trembla l'Europe ; bien que, parmi les chefs illustres de l'armée, j'en compte qui pourraient ressembler aux Jules Césars, un peu mieux que les financiers de la capitale à des Côme ou à des Laurent de Médicis.

Ici je m'arrête à une réflexion consolante : c'est que tous les périls signalés jusqu'à présent, menacent à la fois et les intérêts de la liberté et les intérêts du trône. C'est donc à les confondre que doivent tendre nos vœux et nos efforts ; c'est donc à ce prix que la destinée met le salut de la patrie !

Une fois la route tracée , sachons y engager les générations nouvelles, dont il semble que le pouvoir ne calcule pas assez l'importance. Une ligne de la Charte a failli compromettre tous les avantages de ce pacte sacré. En reculant jusques à l'âge des cheveux blancs la possession des honneurs parlementaires , on a évoqué la révolution que l'on prétendait finir ; elle a paru toute entière ressuscitée : nous avons revu des noms qui semblaient ne devoir plus exister que pour l'histoire : des hommes qui , après avoir fait tomber l'œuvre des siècles , et avoir vingt fois détruit eux-mêmes l'œuvre de leurs propres mains , se tiennent debout encore , comme s'ils avaient seuls le privilége de n'être pas brisés par le temps. La marche du gouvernement s'est compliquée de toutes les vieilles passions qu'il a fallu calmer ou combattre , de toutes les personnalités ombrageuses qui se sont jetées au travers de la chose publique. On a composé le nouvel édifice des débris de tous les systèmes qui se sont succédés depuis un quart de siècle. L'opinion s'est souvent méprise comme le pouvoir, et a confondu les survivanciers de la révolution avec les intérêts qu'elle a produits et les droits qu'elle a consacrés, de telle sorte qu'un grand seigneur de la dernière cour ne pouvait pas être disgracié par la nouvelle, sans que la cause de l'égalité ne se crût en péril, et qu'un contemporain des tyrannies sanglantes intéresse les esprits comme représentant des libertés publiques.

Sans doute il ne fallait pas proscrire les hommes de nos troubles; il ne fallait pas laisser les services sans récompense, les talens sans action, les vertus sans honneur; mais il ne fallait pas que le gouvernement constitutionnel eût pour appui nécessaire tout ce qui date de nos servitudes, tout ce qui apporte des préjugés, des haines, des remords. Les générations vierges devaient être comptées pour quelque chose. Il fallait que l'opinion publique fût en elles; que pour elles s'établît le système nouveau; on eût évité bien des malheurs; la catastrophe du 20 mars, cette terrible prise de corps de la révolution et de la légitimité, n'aurait pas

ébranlé le monde, et depuis on se serait oc-
cupé davantage de créer des mœurs politiques, d'imprimer une marche salutaire à des
générations qui grandissent inaperçues, et
vieilliront oisives.

Ce qui nous manque avant tout, c'est une
instruction solide. Le gouvernement constitutionnel ne nous est pas connu; nous ne
soupçonnons pas ses rouages. Si la liberté
pouvait être décomposée à tous les yeux,
on rallierait à sa cause bien des convictions
récalcitrantes, et on lui attacherait inviola-
blement bien des affections superficielles.
Que les jeunes hommes se livrent à l'étude
du système représentatif, et recherchent les
bienfaits des institutions libérales dans les
malheurs héréditaires des peuples qui en
ont manqué. En se faisant de l'expérience
avec l'histoire, on mûrit la pensée, on
éclaire les sentimens, on base les opinions;
surtout on apprend le doute, dont le grand
avantage est d'être à la fois indulgent et docile. Puissent les jeunes générations, sur
qui la patrie fonde son espérance dernière,
ne pas s'associer à l'exaltation des partis, ne
pas en adopter les inimitiés actives et les
mépris intolérans! Ne croyons pas briller

auprès des Turenne et des Condé, parce
que nous nous éleverions, comme eux, jusqu'aux prouesses de la guerre civile pour
ôter au monarque la prérogative de placer à
son gré la faveur ; ne croyons pas non plus
être arrivés à l'indépendance, parce que
nous nous faisons un jeu d'attaquer le pouvoir en flattant les regrets ou les ressentimens de la multitude ; ce serait ressembler
au captif qui crie qu'il est libre, parce qu'il
a une main affranchie de ses fers. Le citoyen
indépendant est celui que les applaudisse-
mens des factions ne peuvent pas corrompre
plus que les faveurs de l'autorité ; celui qui,
au milieu des clameurs des partis, n'écoute
que sa conscience et ne marche qu'avec elle ;
celui qui ose franchement se placer entre
les extrêmes, non pour attendre la décision
de la fortune et courir s'allier à la victoire,
mais pour tenter le salut de son pays, dût le
parti vainqueur envoyer sa tête à l'échafaud.
Pour l'honneur de l'humanité, ce noble rôle
appartient à l'histoire.

Zélé parlementaire quand les prétentions
de la couronne avaient combattu des droits
de la liberté, Falkland, ministre honnête
homme, citoyen vertueux, courut joindre

la bannière de Charles, quand il vit que la royauté allait périr, et la Constitution avec elle ; mais amant trop passionné de sa patrie pour ensanglanter son bras dans les guerres civiles, s'il descend sur le champ de bataille, il ne va point y chercher un succès, il ne veut que la mort, et la trouve mieux que le dernier des Romains ! Certes, ce héros du patriotisme et de l'honneur aurait laissé le plus beau nom de l'histoire, si celui de Washington n'existait pas !

Puisqu'un noble souvenir appelle ma pensée sur l'autre hémisphère, j'invoquerai le vieillard vénérable que la postérité reconnaissante associe à la gloire du plus illustre fondateur de la liberté américaine.

Franklin, jetant les yeux sur sa longue carrière marquée par bien des vicissitudes, écrivait à la fin de sa vie, après avoir recueilli les hommages de tout un peuple libre : « En » politique, on ne doit pas s'attendre à re- » cevoir de suite des témoignages d'appro- » bation, des marques de reconnaissance » pour le bien qu'on fait ; mais il faut persé- » vérer au milieu des insultes et des affronts. » La satisfaction d'une bonne conscience » nous accompagne sans cesse, et notre

» mérite est enfin reconnu par ceux mêmes
» qui se montraient les plus acharnés contre
» nous. »

Que cette dernière pensée nous rassure ;
mais ne nous plaignons pas d'être pour
long-temps jetés par la Charte loin des tour-
mentes politiques. On descend toujours trop
tôt, on n'arrive jamais avec assez de forces
dans une arêne où il faut s'offrir en spectacle à tout un peuple. Ce doit être une
grande tâche que celle des évidences politiques ; car la publicité réalise pour chaque
homme le vœu de cet ancien, qui aurait
voulu que sa maison fût transparente, afin
de pouvoir être vu et jugé à toutes les
heures. Le système représentatif fait un
talent de la conscience, et une spéculation
de la droiture ; il oblige les ambitions d'être
assez grandes pour n'envier le pouvoir que
comme moyen, et non plus comme but.
Il sanctionne toute la dignité de l'espèce
humaine, en courbant les prééminences sociales devant ces autres supériorités, que le
hasard et la faveur ne distribuent pas ; peut-
être inconnues d'abord, elles finissent par
se placer à leur rang dans ce système des

institutions libres , qui , bien conçu , n'est
autre que le règne de l'estime publique.

Nous avons besoin qu'il arrive à notre
aide. A voir combien tout est pâle , tout est
décoloré parmi nous , on sent qu'une influence pernicieuse vient de stériliser le sol
français : on sent qu'il reste au pouvoir une
grande tâche à remplir. Bien des maux sont
à réparer ; en y arrêtant mes regards , je
crois en démêler la cause dans la politique
vacillante que le cabinet a suivie depuis la
restauration jusqu'à ce jour. On ne pouvait
pas le despotisme ; on n'osait pas la liberté :
on est arrivé à la faiblesse , et la faiblesse
des gouvernemens est le plus grand fléau
des peuples. Soupçonneuse et pusillanime ,
parce qu'elle a le sentiment de son impuissance , elle corrompt les sujets pour les
maîtriser ; elle redoute le génie , étouffe la
gloire et s'environne de la médiocrité ,
comme ces tribus qui , pour se défendre ,
s'entourent de déserts. Vindicative et cruelle,
parce que la clémence est encore de la force,
elle n'a pas même l'avantage de la bonté ;
elle n'ose pas être modérée ; elle montre
partout des bourreaux au lieu de juges : en

un mot, elle ne peut que le mal; car pour
le bien, il faut deux puissances, celle qui
conçoit et celle qui exécute.

Aussi cette France, qui de siècle en siècle
mérita l'admiration des peuples, qui durant
vingt années a dominé sur eux comme la
nation grande et forte, la France ne s'est
montrée, en trois ans, noble et grande qu'un
jour. Ce fut alors qu'appelée à consacrer un
nouveau sacrifice pour obtenir l'affranchis-
sement public, la Chambre des députés,
unanime dans sa résignation, vota en silence
la dernière douleur, afin d'arriver au premier espoir. Il était beau de voir les partis
abjurer leurs dissentimens à la voix de la
patrie ; ce concours de toutes les volontés
parlait puissamment à l'Europe du danger
qu'il y aurait pour elle de nous forcer à la
concorde, et l'âme était saintement émue
de tout ce que laissait penser le silence de
l'assemblée réduite à taire une indignation gé-
néreuse et à voter une calamité nécessaire.

Partout ailleurs qu'avons-nous vu? Dans
les premiers temps, le pouvoir règne comme
une faction triomphe : sur le sol français se
promène le glaive de la loi que la magistrature a laissé tomber aux mains des passions

privées : la vengeance ouvre les cachots, et la délation les encombre ; la délation qui, partie cette fois des hauts rangs de la société, pénètre à travers tous les rangs, dissout les liens d'affections ou de famille, et corrompt la moralité publique en montrant sans cesse le nombre des oppresseurs accru de tous les pusillanimes qui se sont faits transfuges pour ne pas devenir victimes. Le deuil et l'effroi règnent dans les provinces ; mais tout plie la tête, tout se tait ; et si dans quelques départemens vous voyez couler le sang ailleurs que sur les échafauds, c'est que les sectateurs de l'autorité, impatiens de consommer leur victoire, ne confient plus qu'au poignard des vengeances, que la justice prévôtale ne satisfait pas assez vite. L'administration oublie que la tolérance est de la complicité ; rien ne s'oppose à la furie de ceux qui souillent dans le sang français la bannière royale, dite *sans tache* par nos pères, et arborent sur des cadavres le crucifix, redevenu, au dix-neuvième siècle, le prétexte et le signal des assassinats. En présence de pareilles scènes, Tacite dirait qu'il est permis à l'honnête homme de regretter la guerre civile.

A la fin, le gouvernement recule devant

les conséquences du système : un ministre
acquiert des droits à la reconnaissance pu-
pblique en avertissant le monarque du péril,
et avec la révolution du 5 septembre, un
nouveau jour luit sur la France.

L'aspect change, mais ne s'améliore pas :
l'autorité, détachée violemment des oppresseurs sans se rallier aux opprimés, s'effraie
de sa solitude, et appelle tout ce qui est
assez décoloré des deux parts, pour pouvoir prendre aussitôt la couleur nouvelle, et
arriver, par une défection inaperçue, aux
places et aux honneurs. Deux camps opposés se forment, qui recueillent tout ce que
l'autorité repousse : bientôt, ne se sentant
de forces contre les partis contraires que
dans leurs haines réciproques, l'administration écrit sur sa bannière les mots magiques :
Légitimité ! liberté ! Puis, voilant à propos
la moitié de sa devise, elle se joint tour à
tour aux deux lignes ennemies ; et tour à
tour, se faisant ainsi de chaque faction une
auxiliaire qu'aussitôt après elle a pour ennemie, elle triomphe de toutes deux par ce
misérable stratagême.

Le régime de 1815 avait brisé les courages
et flétri les âmes : le nouveau système profita

de tout le mal qui avait été fait. Long-temps les échafauds restèrent debout ; long-temps il fallut qu'un zèle bassement inhumain prît soin d'agrandir les cachots dont les tyrannies précédentes n'avaient pas assez multiplié le nombre. Et lorsqu'une réclamation s'élevait au sein de la capitale, ce ministère repoussait la confiance publique, et décourageait tout espoir, en laissant la magistrature frapper la plainte de lois qu'il avait lui-même répudiées et flétries à la tribune nationale.

Qu'avait-il donc fait, en laissant la nation se réveiller de sa stupeur ? Il lui permit le mouvement ; il ne lui rendit pas la vie, cette vie forte que les Etats ne donnent qu'à l'action de principes généreux. On crut tirer meilleur parti de la bassesse, et elle fut propagée par des persécutions comme par des récompenses. La servilité s'était, dès le premier abord, jointe à la peur. Chacun avait eu soin de désavouer sa vie. Le vieux soldat, jeté dans les nouveaux rangs, n'osait pas y prendre le parti de sa gloire contre une jeunesse intolérante et inhabile. Les chefs de l'armée ne surent pas tous défendre leurs lauriers aussi courageusement qu'ils les avaient

acquis…. Je voudrais taire que des victimes
de nos derniers troubles , assises sur la se-
lette du crime , voyaient siéger au banc des
juges le frère d'armes de la veille , qui ne
craignait pas d'envoyer ses camarades à l'é-
chafaud , pour faire oublier au parti vainqueur qu'il sortait des rangs du parti vaincu !

Rien ne compense le spectacle de la per-
versité par le spectacle de l'honneur. Je
cherche en vain quelque scène consolante ,
où je puisse reposer mes regards, et où je
retrouve le caractère français avec ses vertus , et , si l'on veut, avec ses défauts : je ne
le reconnais pas, en voyant toutes les ambitions descendre à l'intrigue , et toutes les ri-
valités à la calomnie : je ne le reconnais pas
dans ces irritations violentes d'une société
autrefois si bienveillante et si polie , où la
guerre civile s'est réfugiée dans les propos ,
où le mépris se prodigue constamment de
couleur à couleur , de nuance à nuance , et
d'homme à homme : je ne le reconnais pas
dans la tactique de partis, qui tantôt exercent
leurs vengeances aussi cruelles que faciles ,
sur le dernier espoir du malheur , sur les
productions inoffensives du talent ; tantôt
mettent leurs ressentimens en réserve pour

le jour où ils pourront éclater sans péril et se satisfaire sans combat. Je voudrais ne pas le reconnaître dans ces *jugemens de Dieu* renouvelés des temps de la barbarie de nos pères, pour discuter, les armes à la main, la vérité d'une doctrine, et déduire au premier sang les conséquences d'un principe. Bientôt il faudra que les Académies de littérature sollicitent l'alliance des Académies d'escrime, et les publicistes soumis désormais à une responsabilité nouvelle, devront, de part et d'autre, savoir charger leur plume à balle..... Dieu! la mienne se laisse aller à tracer des ironies, et deux familles sont encore éplorées, et deux mères versent des larmes qui ne doivent pas tarir! Pardonnez, ô vous que je ne connais pas! je comprends, je plains vos pleurs! mais je ne plains pas vos fils. Eux, du moins, il ne survivront point à leur patrie; ils ne verront pas des mœurs barbares chasser peu à peu la civilisation de nos villes, des discordes sanglantes les détruire, et, sur leurs décombres, flotter les enseignes étrangères! ils ne verront pas périr cette noble France que tous les deux ont servie sous les mêmes drapeaux, que tous les deux ont aimée. Et nous, qui nous a dit que ce spectacle ne nous attend pas ? Savons-nous si, pour châtier nos discordes, la Providence ne nous contraindra pas, quelque jour, d'aller mendier, sur des rives lointaines, une patrie dont nous n'aurons pas su jouir au sein de la terre natale ?

Quand pareil avénir menace une grande monarchie, il faut aux dépositaires du pouvoir bien du courage pour envisager la carrière qu'ils ont à fournir. On attend d'eux le salut de la patrie. Pour ne pas manquer à leur mandat auguste, qu'elle route suivront-ils ?

La France ne peut être sauvée que par ses mœurs et par ses lois, c'est-à-dire que tout est à faire. La liberté manque chez nous de garantie comme de bâse, et il faut lui donner l'une et l'autre. La tâche est devenue plus facile, depuis qu'un ministère nouveau s'est formé au sein de circonstances nouvelles. A dater de ce jour, tout a changé de face.

Au-dehors, le chef humilié d'une nation abattue et tributaire est redevenu l'héritier de Louis XIV, le monarque d'un grand empire, le représentant d'une nation libre. Il a dû changer d'attitude et de langage en même

6

temps que de fortune. Son cabinet ne peut plus s'ouvrir à des influences dont ses pères s'indigneraient au fond de leur cercueil. Rentré dans l'Europe, sa politique doit y prendre une contenance indépendante et fière. Il a à faire respecter sa gloire et la nôtre, l'indépendance de notre territoire et la majesté de sa couronne. Pourquoi la diplomatie française ne montre-t-elle pas aux nations voisines quelques-uns de ces amis connus de l'indépendance nationale, qui marchent précédés d'une réputation militaire? A leur aspect, l'étranger se rappellerait qu'il ne voit pas, pour la première fois, ces hommes, et de là naîtraient des pensées dont pourrait s'applaudir un roi de France. Il ne s'agit pas d'être hostile, à Dieu ne plaise que ce soit mon dessein! La neutralité dans les discordes, le calme dans les agitations, et la droiture dans les rapports, voilà, je pense, la ligne où il faut marcher. Mais agissons de telle sorte que notre alliance soit ambitionnée de tous les intérêts. Que l'Europe comprenne encore que si nous faisions un pas, le monde pourrait être ébranlé de nouveau. Alors, nous devrons à notre modération une suzeraineté moins désastreuse et moins pré-

caire que celle des victoires. Saint Louis ré-
gnait comme arbitre : son petit-fils peut aspirer au même patronage, et alors la France
n'aurait à regreter de ses conquêtes, que le
sang inutile qu'elles lui ont coûté.

Au-dedans, nous avons changé de terrein : le précédent ministère devait établir
la royauté, asseoir la dynastie, briser les résistances. Attribuons à l'accomplissement de
ce devoir les fautes dont nous avons gémi ;
mais n'oublions pas que nous entrons dans
des voies nouvelles, et profitons de l'expérience que nous avons acquise dans nos anciennes routes. Il s'agit à présent de songer
à la liberté, de s'occuper d'elle, de lui assurer de l'avenir. La dynastie poussera plus
facilement ses racines quand le sol sera partout disposé à les accueillir. Le moment est
venu : les dernières crises ont fait voir que
toutes les distinctions nées de nos troubles
avaient cessé, que les intérêts généraux se
sont séparés enfin des influences privées ;
nous ne sommes plus divisés en royalistes,
en hommes des cent jours ; nous sommes
tous sujets de la même Charte, mais attachés
à des doctrines différentes. Nous sommes
tous sujets de la même dynastie ; mais il y a

parmi nous une fraction qui tend au pouvoir absolu, une autre à l'oligarchie, une troisième à la liberté.

Affranchis que nous sommes dans nos antécédens, nous professons hautement les principes qui naissent de notre situation présente, sans plus craindre qu'on nous fasse rougir avec deux dates. La Chambre haute a, la première, donné l'exemple. On a vu la vieille aristocratie, celle qui s'appuye sur la tradition des siècles, recevoir dans ses rangs les privilégiés d'hier, les hommes que la révolution a faits pairs de France. Les royalistes fidèles de toutes les époques ont recruté des serviteurs de l'usurpation, des dignitaires du 20 mars ; et cette alliance, compacte parce que des intérêts maintenant identiques l'ont formée, a menacé l'existence d'une loi populaire dont plusieurs martyrs illustres de la cause royale se sont honorés d'être les défenseurs.

Puisque les opinions sont écartées de la lice, reste à savoir sur quels intérêts veut s'appuyer le pouvoir, à quelles doctrines il liera sa cause. Je me trompe : le doute n'est plus permis ; un acte de l'autorité royale a prononcé le choix de la couronne: la sagesse

du monarque, l'empire de l'opinion, l'intérêt de la monarchie, garantissent que ce
choix sera sans retour. Le ministère nouveau
fut accueilli par toutes les espérances : qu'elles
soient réalisées pour mettre l'avenir à l'abri
des orages qui grondent encore sur nos têtes.
Il est temps d'appuyer la Charte d'institutions
qui servent de remparts à l'ordre social, et
préservent la dynastie comme la liberté, des
maux qui, d'un moment à l'autre, pourraient
fondre sur elles. L'Etat peut aujourd'hui recevoir le joug de toutes les tyrannies, subir
le triomphe de toutes les factions. Les corps,
les ordres, les universités, les priviléges des
villes, toutes ces garanties féodales ont été
détruites. Il en est de la monarchie comme
de la capitale, où il n'est pas d'aggression
qui ne pût être autrefois combattue à l'aide
des vieilles barrières qui armaient les carre-
fours : ces barrières sont tombées, et Paris est
une ville ouverte. La monarchie reste aussi
sans sauve-gardes ; hâtons-nous de lui en
créer de puissantes, et de donner à la liberté
des forces qui la défendent contre ses ennemis du dedans et du dehors. Que toutes les
traces de nos malheurs soient effacées ! que
de 1815 il ne reste plus qu'un souvenir dou-

*

loureux et une leçon salutaire ! Pourquoi
perpétuer des douleurs dont l'expression,
accueillie par des regrets pieux, et propagée
peut-être par des compassions hostiles, ar-
rivent inutilement jusqu'au trône, et frap-
pent l'air du murmure importun de plaintes
qui ne sont pas exaucées ? Pourquoi inter-
dire à des vieillards que le malheur et l'âge
avaient frappés avant nous, la consolation
suprême de rapporter leurs ossemens sur le
sol de la patrie? Ici, leur tombeau sera silencieux comme le repentir; élevé au contraire
dans l'exil, il en sortira toujours des voix qui,
d'un bout de la France à l'autre, arriveront
aux ressentimens assoupis, pour les associer de nouveau à des alarmes vigilantes.
Quiconque boit de la ciguë est un Socrate
aux yeux du peuple ; quiconque subit l'ostracisme devient pour lui un Aristide : et
souvent tel homme fut dangereux dans la
proscription, qui serait mort inaperçu derrière l'égide de la loi.

J'aime dans ce Xerxès, despote peut-être
moins coupable qu'insensé, les pleurs inat-
tendus qui échappèrent de ses yeux, en
songeant que de la multitude d'hommes réu-
nis dans les plaines de Phrygie, beaucoup

allaient devoir à ses caprices une déplorable
destinée. Il y a tant d'infortunes sur la terre,
que le sentiment d'une misère de plus ajoutée
à toutes les souffrances de l'espèce humaine,
doit peser long-temps sur l'âme qui s'y ré-
signe. Je concevrais même cette superstition
du cœur qui croirait, en séchant une larme,
se faire, auprès de la Providence, un titre
pour demander de n'en plus répandre.

Le jour approche où l'alliance inviolable
du monarque avec son peuple va être con-
sacrée sur les autels du Dieu qui pardonne.
Que, dans ce grand jour, toutes les grati-
tudes puissent environner le trône ; que
toutes les prières s'élèvent avec l'encens des
lévites jusqu'à celui qui tient dans ses mains
redoutables la durée des empires et la vie des
rois. Mais, pour écarter de sinistres présages
et de redoutables souvenirs, que le fils de St.-
Louis ne prenne pas la couronne de ses pères
dans le temple antique où la capitale cons-
ternée vit, il y a quatre cents ans, un parlement rebelle et des vassaux félons ceindre
le diadême des Valois au front d'un roi d'Angleterre. Perdons la mémoire de ces temps
où des Robert d'Artois, des Charles-le-Mau-
vais, des ducs de Bourgogne, indignes fils de

France, que flétrit l'histoire, conspiraient, avec l'élite de la noblesse française, la chute du trône des lis, joignaient leurs bannières aux bandes ennemies, conduisaient l'Anglais au cœur de nos provinces, humiliaient les enseignes nationales devant la fortune de Crécy, de Poitiers, d'Azincourt, et auraient immolé la monarchie défaillante à leurs ambitions, si tout à coup suscité par le Dieu qui protégea nos pères, la paysanne de dom Remi n'était venue tout sauver.

Ah ! plutôt que le frère Auguste de Louis XVI aille chercher l'onction sainte dans le temple religieux où dormirent les cendres de ses prédécesseurs ; là, de grandes pensées élèveront son âme ; il jurera le bonheur de ses peuples sur la tombe de Saint Louis et d'Henri IV, des rois qui n'ont jamais promis en vain ; et si tout-à-coup, secouant la poussière du cercueil, pouvaient apparaître sous les voûtes agrandies ces soixante potentats qui ont régné sur la France, tous applaudiraient à la sagesse royale du prince législateur qui appuye son pouvoir sur des institutions libérales, et fonde ses espérances sur les intérêts populaires ; tous rappelleraient qu'ils ont eu à combattre l'aris-

tocratie , à craindre ses complots , à désar-
mer ses vengeances. Tous diraient que cette
déplorable patrie , louée par des voix téméraires d'avoir été quatorze siècles heureuse
à l'ombre des prétentions de l'oligarchie ,
compte quatorze cents ans d'existence et
de misère ; que , dans l'immense intervalle
écoulé depuis le débordement d'Attila jusqu'aux récentes invasions du Nord, la guerre
civile a constamment ravagé la monarchie
de province à province , de fief à fief et de
village à village ; que l'incendie allumé par
les Sarrazins dans les plaines du Midi s'est
propagé d'âge en âge jusqu'aux dragonnades
sanglantes du beau siècle , et que pas une génération n'a passé sur cette terre des tyrannies féodales,sans lui payer son tribut de sang
et de pleurs. Regardez , comme la grande
ombre de Philippe-de-Valois se voile la tête,
en reconnaissant parmi nous les héritiers des
vassaux insolens qui lui suscitèrent les prétentions rivales d'Edouard et le réduisirent,
vaincu par l'armée d'outre-mer , à chercher
du refuge dans les châteaux voisins,en criant:
Ouvrez ! c'est la fortune de la France : son
fils , son petit-fils , cinq générations de rois
issus de lui , se groupent à ses côtés , et par-

lagent ses ressentimens ; tous ont vu leurs
provinces ravagées par des alliances factieuses, leur trône ébranlé, leur patrie perdue. Montrerai-je les derniers des Valois aux
prises avec des ambitions redoutables, in-
certains de léguer à leurs fils l'héritage de
leurs aïeux, et trouvant quelquefois la mort
sous les coups d'un poignard saintement
parricide ? Que le prince interroge lui-même
ses aïeux ! j'ai besoin de détourner mes regards de ces scènes sanglantes. J'aime mieux
voir le sixième des Louis répéter à son héritier ce précepte qu'il léguait autrefois à son
successeur : *Mon fils*, se plaît-il à dire encore, *souvenez-vous que la royauté n'est
qu'une charge publique dont vous rendrez
compte à votre tour*. Quel monarque plus
loin, appuyé au bras d'un prince à l'air
martial et généreux, semble s'irriter du spectacle qu'il découvre dans les parvis du temple ? N'est-ce pas le vainqueur d'Aignadel
qui s'étonne, avec le vainqueur de Marignan,
de reconnaître, dans les rangs des défenseurs du trône, des bandes étrangères, qui,
jadis, les ont trahis tous deux ? J'aime leur
colère...... Mais, plus loin, voyez quelle est
cette ombre grande et sainte, qui semble

redouter d'être aperçue, comme si sa présence allait distraire les émotions et le bonheur du peuple. Quelle majestueuse séré-
nité ! quel feu doux et tendre dans ses regards ! Pourquoi sourit-il à ce spectacle du
roi de France , promettant de maintenir les
libertés publiques , et de régner par elles ?
on dirait que cet engagement sacré lui rappelle de grands souvenirs , car il a versé ,
en les écoutant , des larmes d'attendrisse-
ment et de joie. N'ai-je pas même entendu
ces mots expirer sur ses lèvres : *Imprudens
amis* ! Je ne sais.....mais je suis sûr qu'en re-
tournant au séjour des nuages , l'ombre vénérable répétait : *Pardon et oubli !*

FIN.